Inhaltsverzeichnis

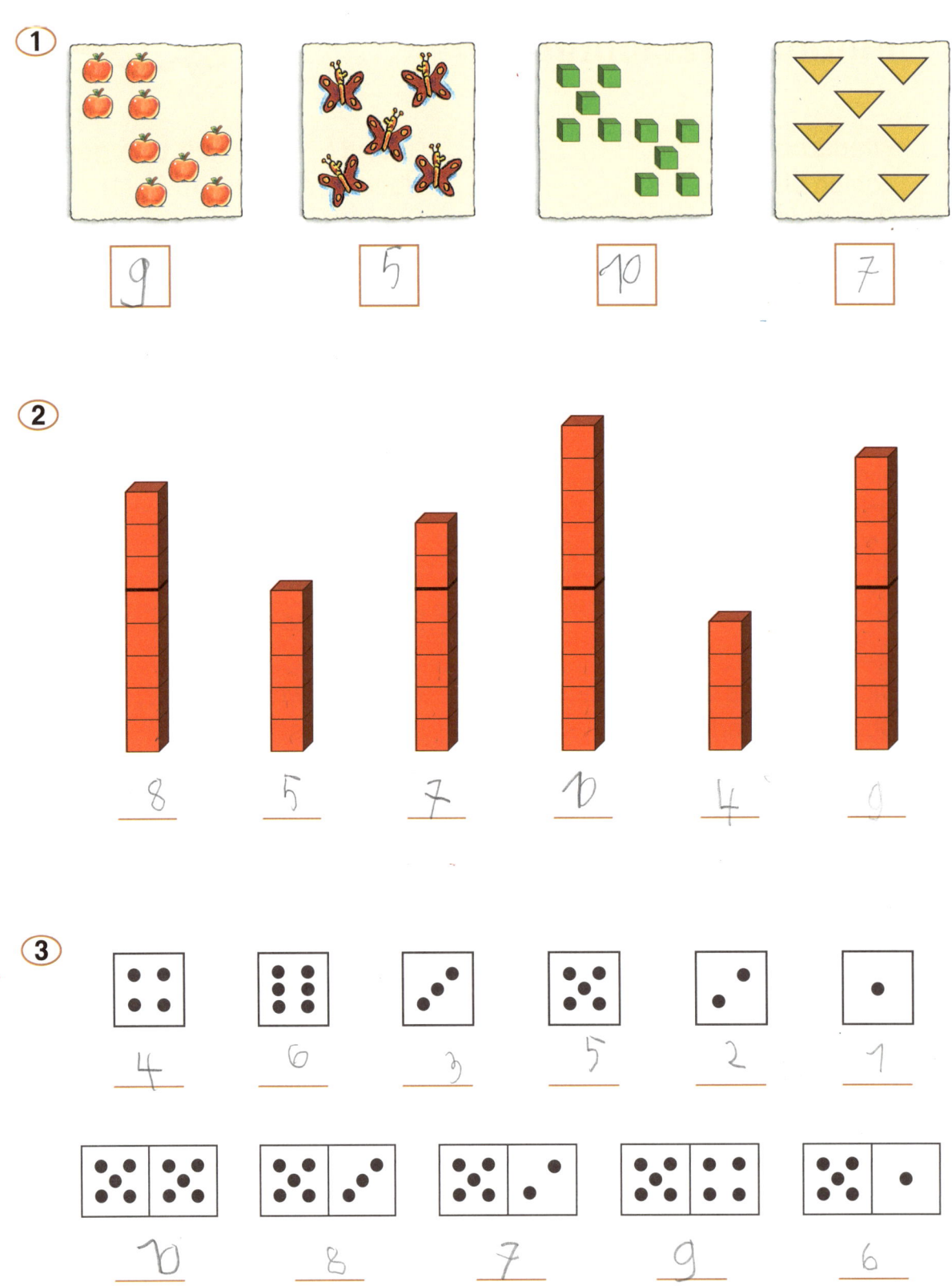

1

9   5   10   7

2

8   5   7   10   4   9

3

4   6   3   5   2   1

10   8   7   9   6

4 Male.

5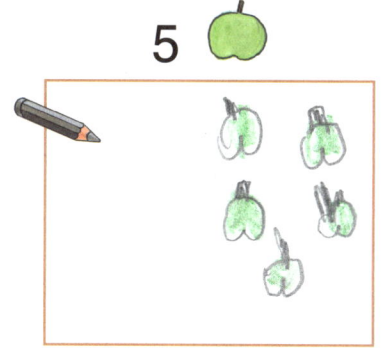

8

7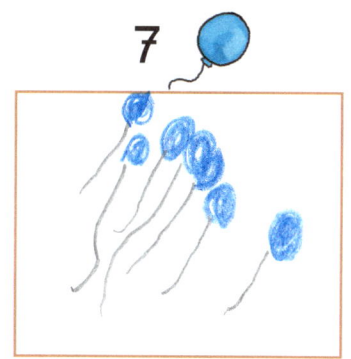

5

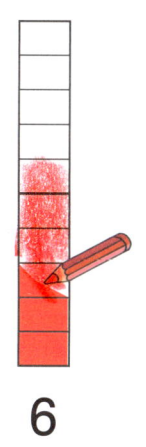 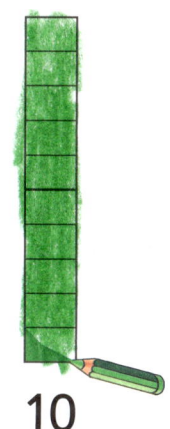 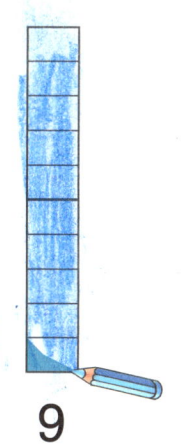 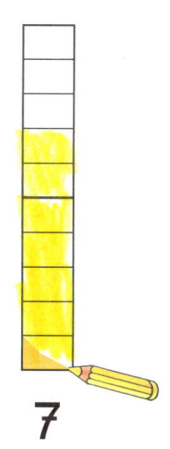 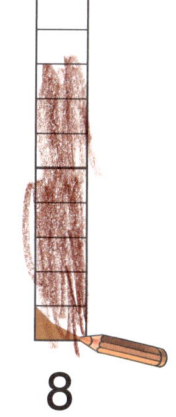

6   10   9   7   8

6

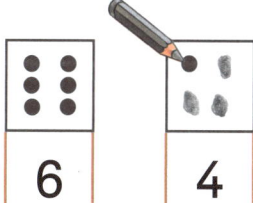     

6   4   0   2   3   1   5

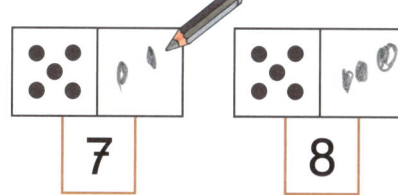 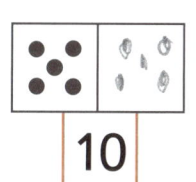 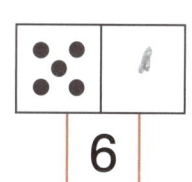 

7   8   10   6   9

< „ist kleiner als"
= „ist gleich"
> „ist größer als"

1 Vergleiche: < , = , >

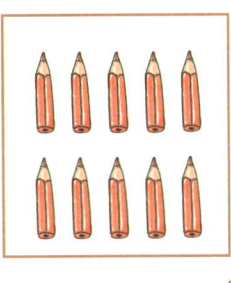  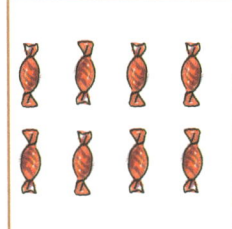 

10 > ___   ___ ◯ ___

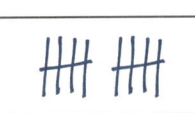   

___ ◯ ___   ___ ◯ ___

2 Ergänze und vergleiche.

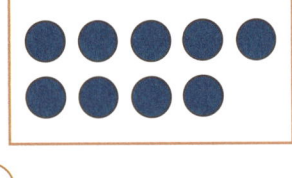 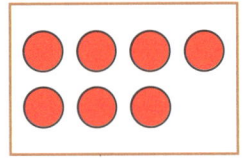 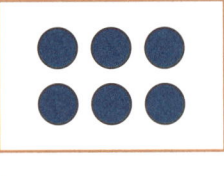

10 ◯ 9   7 ◯ 8

8 ◯ 6   5 ◯ 5

3 Vergleiche: < , = , >

5 ◯ 3   2 ◯ 4   1 ◯ 3   6 ◯ 5

7 ◯ 9   10 ◯ 9   8 ◯ 8   7 ◯ 10

4

1 **Zähle vorwärts oder rückwärts.**

2 a)

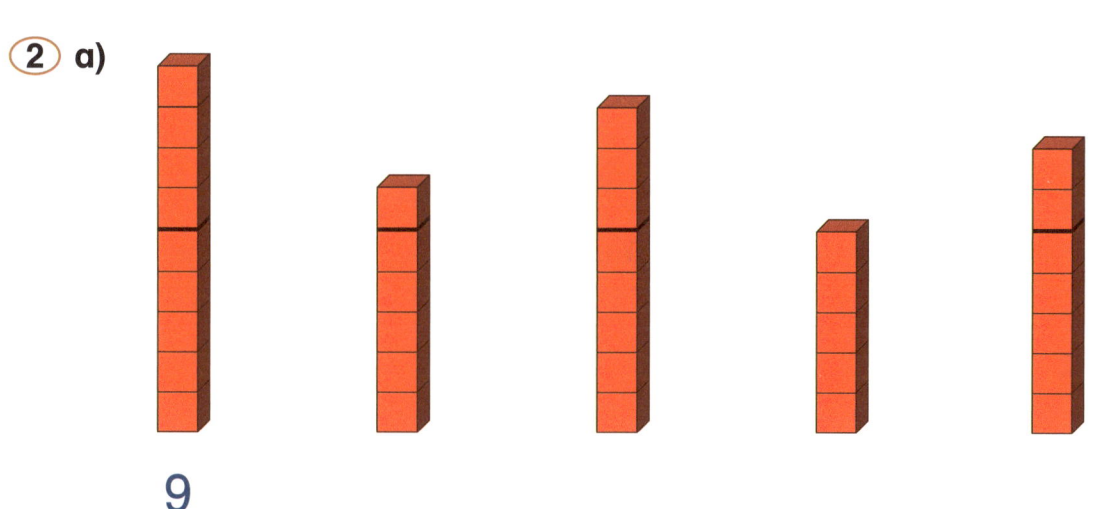

9 ____ ____ ____ ____

b) **Ordne die Zahlen. Beginne mit der kleinsten Zahl.**

geordnet: 5 , ____ , ____ , ____ , ____

3 a)

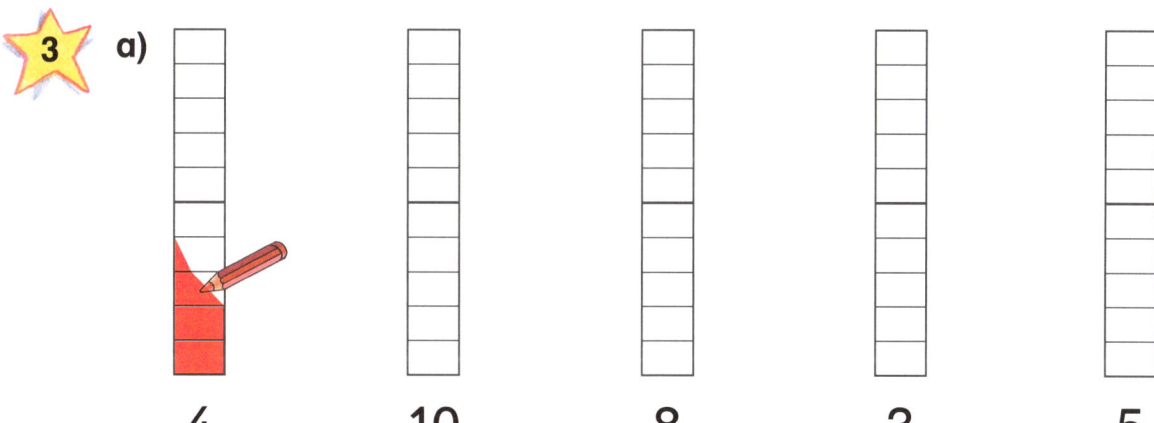

4   10   8   3   5

b) **Ordne die Zahlen. Beginne mit der größten Zahl.**

geordnet: ____ , ____ , ____ , ____ , ____

1

$8 = 5 + 3$ $8 = 6 + \underline{\ \ \ }$ $8 = 4 + \underline{\ \ \ }$

2 Immer 10

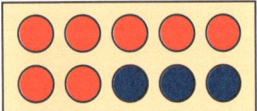 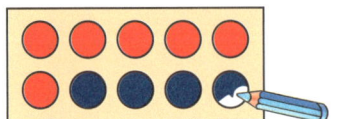 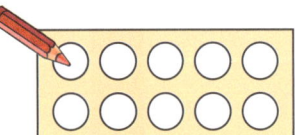

$10 = 7 + 3$ $10 = 6 + \underline{\ \ \ }$ $10 = 8 + \underline{\ \ \ }$

 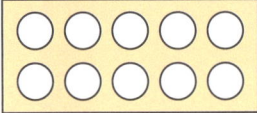 

$10 = 4 + \underline{\ \ \ }$ $10 = 5 + \underline{\ \ \ }$ $10 = 3 + \underline{\ \ \ }$

3 Immer 7

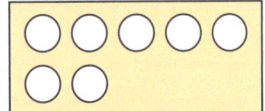 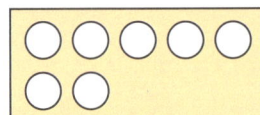 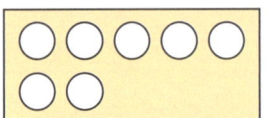

$7 = 5 + \underline{\ \ \ }$ $7 = 3 + \underline{\ \ \ }$ $7 = 1 + \underline{\ \ \ }$

4 Immer 9

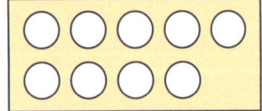 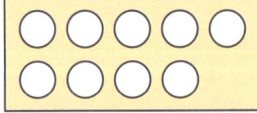 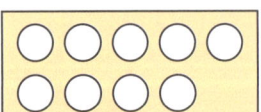

$9 = 7 + \underline{\ \ \ }$ $9 = 5 + \underline{\ \ \ }$ $9 = 8 + \underline{\ \ \ }$

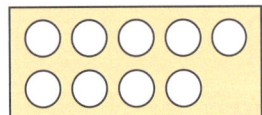 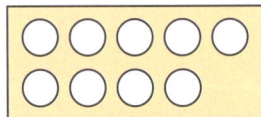 

$9 = 6 + \underline{\ \ \ }$ $9 = 3 + \underline{\ \ \ }$ $9 = 4 + \underline{\ \ \ }$

1 Immer 5

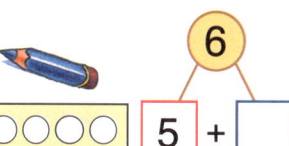

 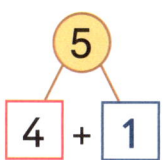

●●●●● ○○○○○	4 +	1
●●●●○ ○○○○○	3 +	
●●○○○ ○○○○○	2 +	
●○○○○ ○○○○○	1 +	
○○○○○ ○○○○○	0 +	
●●●●● ○○○○○	5 +	

2 Immer 6

6

●●●●●● ○○○○	5 +	
●●●●○ ○○○○○	4 +	
●●●○○ ○○○○○	3 +	
●●○○○ ○○○○○	2 +	
●○○○○ ○○○○○	1 +	
○○○○○ ○○○○○	0 +	
●●●●● ●○○○	6 +	

3 Ergänze.

7	7	7	7
6 + ☐	4 + ☐	5 + ☐	3 + ☐

7	7	7	7
2 + ☐	7 + ☐	1 + ☐	0 + ☐

7

① Immer 9

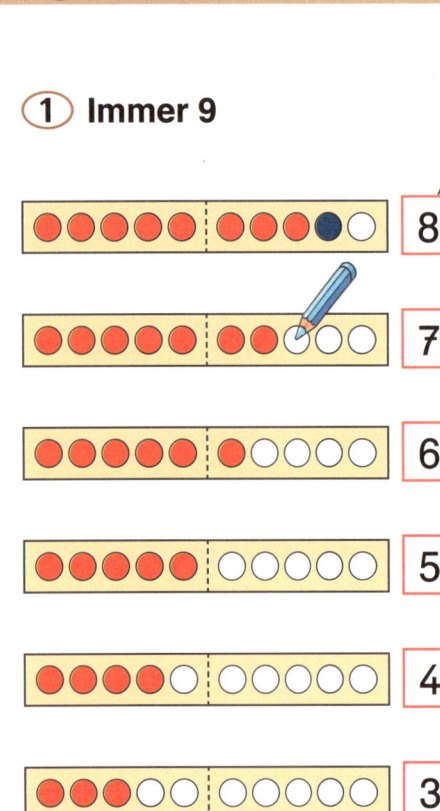

9

8 + 1

7 +

6 +

5 +

4 +

3 +

2 +

1 +

0 +

9 +

② Immer 10

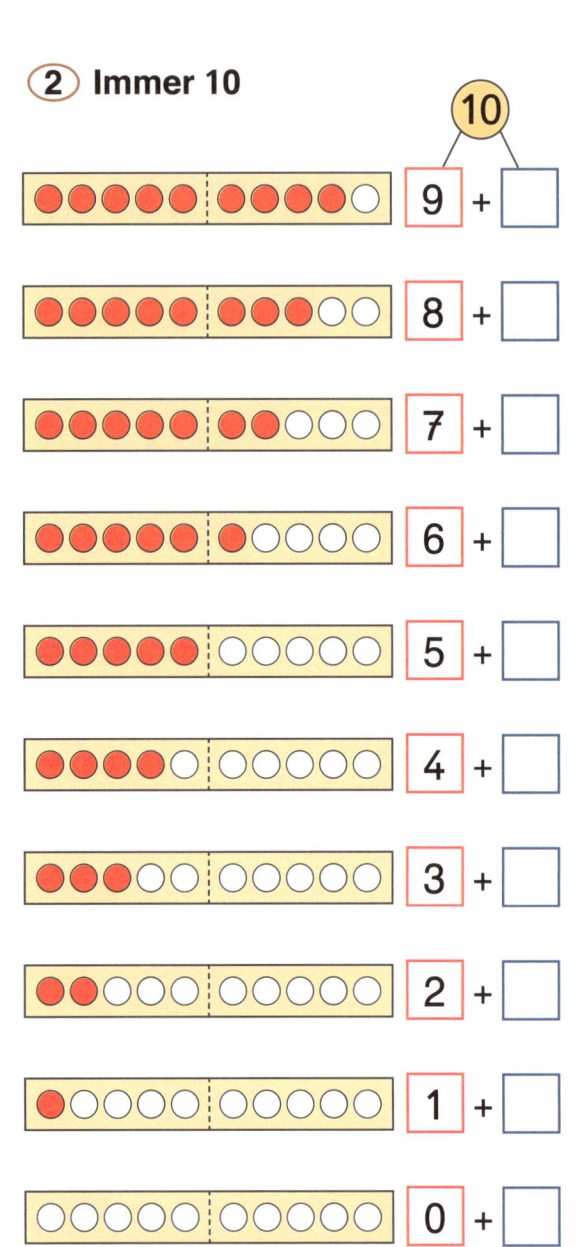

10

9 +

8 +

7 +

6 +

5 +

4 +

3 +

2 +

1 +

0 +

10 +

③ Ergänze.

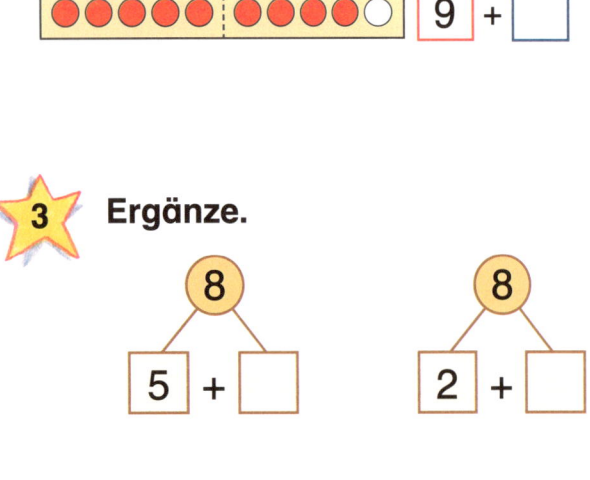

8
5 +

8
2 +

8
7 +

8
4 +

Bringe die Bilder in die richtige Reihenfolge.

 2
 1
 3

 6
 5
 4

links   rechts   links   rechts

1 **Male den Pfeil und kreuze an.**

links   rechts   links   rechts   links   rechts

links   rechts   links   rechts   links   rechts

links   rechts   links   rechts   links   rechts

2

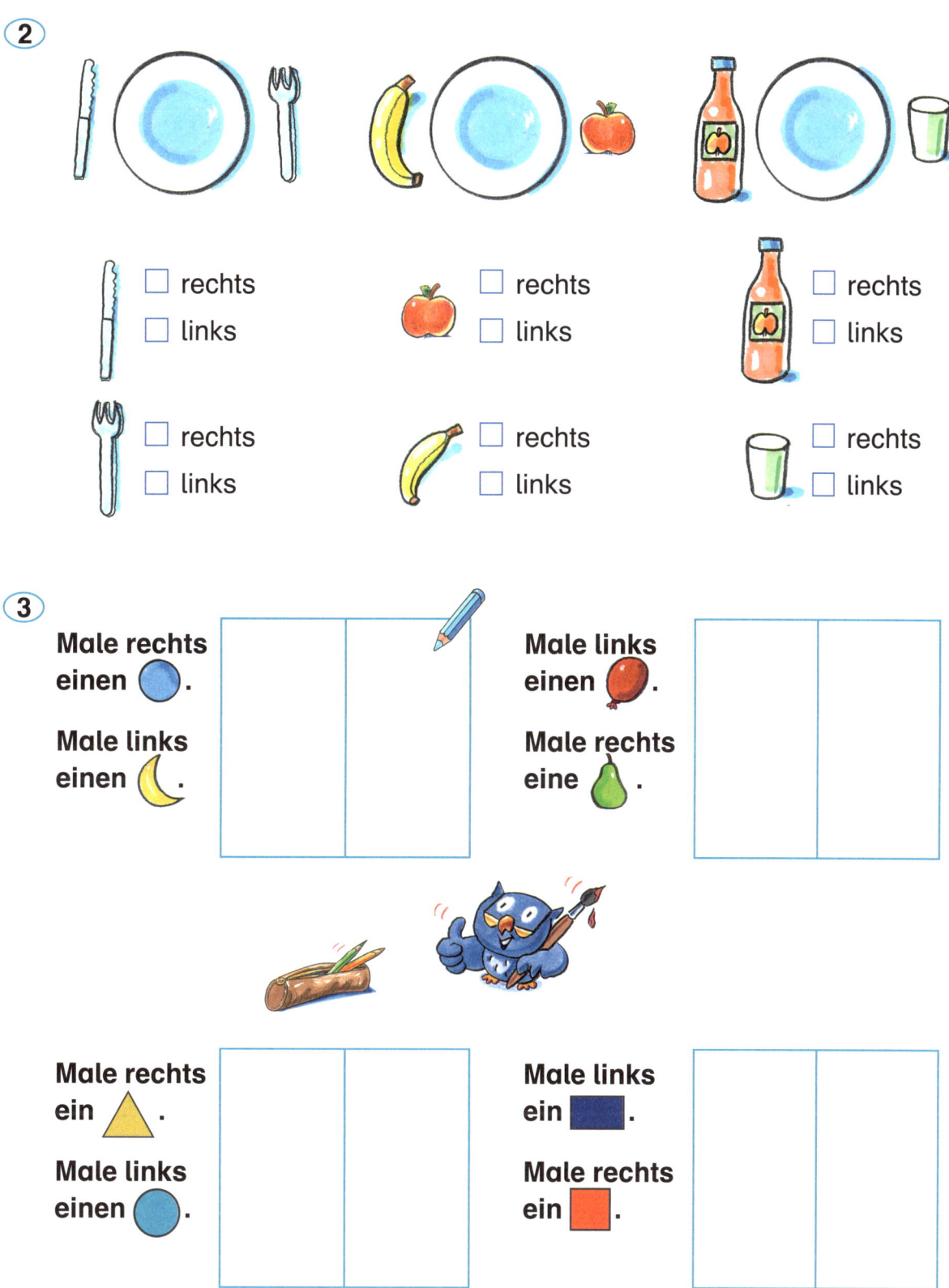

	rechts		rechts		rechts
☐	links	☐	links	☐	links
☐	rechts	☐	rechts	☐	rechts
☐	links	☐	links	☐	links

3

Male rechts
einen 🔵 .

Male links
einen 🌙 .

Male links
einen 🔴 .

Male rechts
eine 🍐 .

Male rechts
ein 🔺 .

Male links
einen 🔵 .

Male links
ein ▪ .

Male rechts
ein 🟧 .

11

1

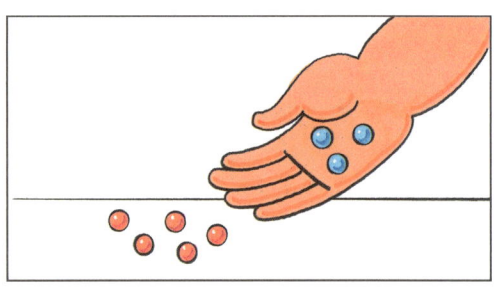

6 + ___ = ___   ___ + ___ = ___

2

5 + 4 = ___

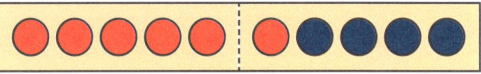

6 + ___ = ___

___ + ___ = ___

___ + ___ = ___

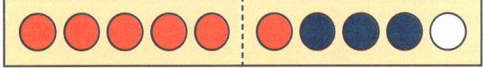

___ + ___ = ___

___ + ___ = ___

___ + ___ = ___

___ + ___ = ___

3

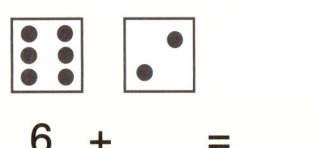

6 + ___ = ___

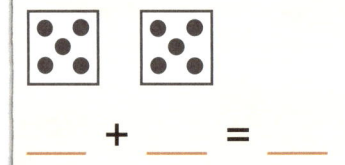

___ + ___ = ___

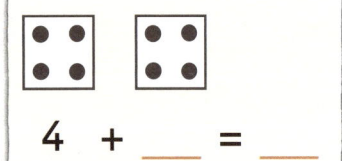

4 + ___ = ___

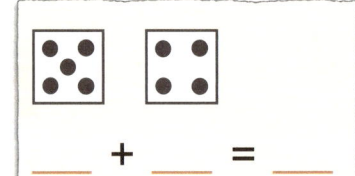

___ + ___ = ___

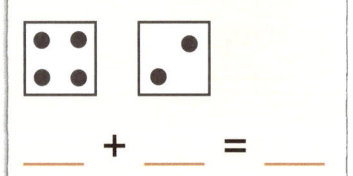

___ + ___ = ___

4 **Male und rechne.**

 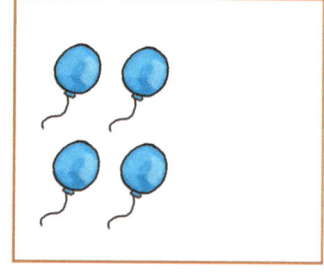 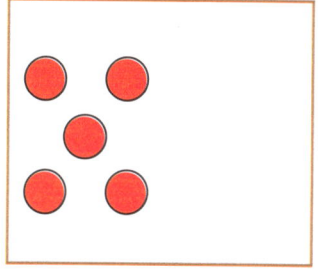

6 + 3 = ___   4 + 4 = ___   5 + 4 = ___

5 **Male und rechne.**

7 + 2 = ___   5 + 2 = ___

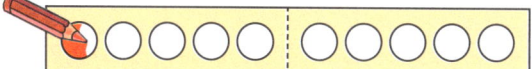

8 + 2 = ___   2 + 6 = ___

4 + 5 = ___   4 + 6 = ___

3 + 4 = ___   1 + 6 = ___

6

4 + 4 = ___   1 + 4 = ___   8 + 1 = ___

4 + 5 = ___   2 + 5 = ___   7 + 0 = ___

4 + 6 = ___   3 + 6 = ___   0 + 6 = ___

1 **Finde die Tauschaufgabe. Verbinde und rechne.**

$4 + 5 = \underline{}$

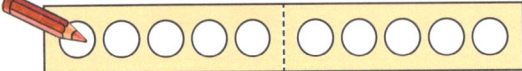

$3 + 4 = \underline{}$

$2 + 7 = \underline{}$

$3 + 6 = \underline{}$

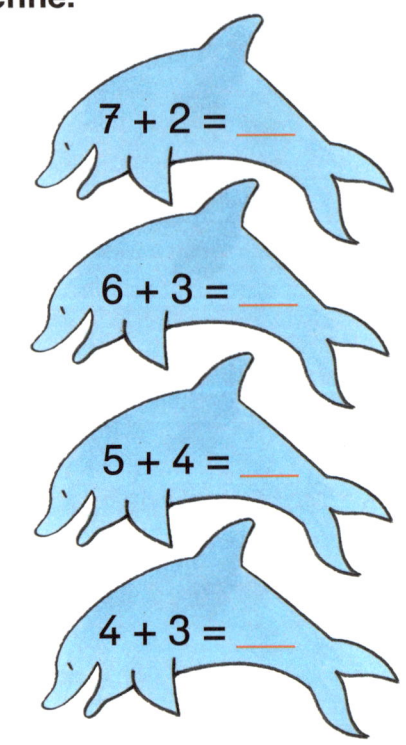

$7 + 2 = \underline{}$

$6 + 3 = \underline{}$

$5 + 4 = \underline{}$

$4 + 3 = \underline{}$

2

$3 + 5 = \underline{}$

$5 + 3 = \underline{}$

$\underline{} + \underline{} = \underline{}$

$\underline{} + \underline{} = \underline{}$

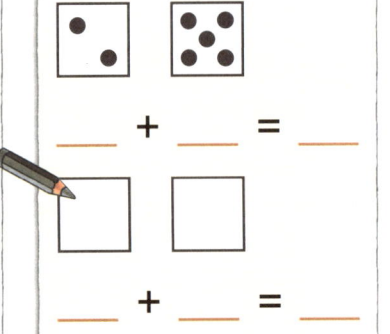

$\underline{} + \underline{} = \underline{}$

$\underline{} + \underline{} = \underline{}$

3

$1 + 8 = \underline{}$

$8 + \underline{} = \underline{}$

$3 + 6 = \underline{}$

$\underline{} + \underline{} = \underline{}$

$2 + 8 = \underline{}$

$\underline{} + \underline{} = \underline{}$

$3 + 7 = \underline{}$

$\underline{} + \underline{} = \underline{}$

$1 + 6 = \underline{}$

$\underline{} + \underline{} = \underline{}$

$4 + 6 = \underline{}$

$\underline{} + \underline{} = \underline{}$

1 **Suche den Zwilling. Kreuze an.**

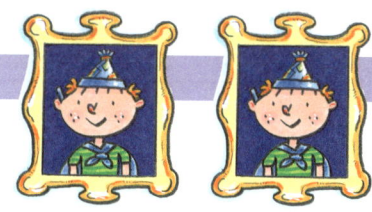

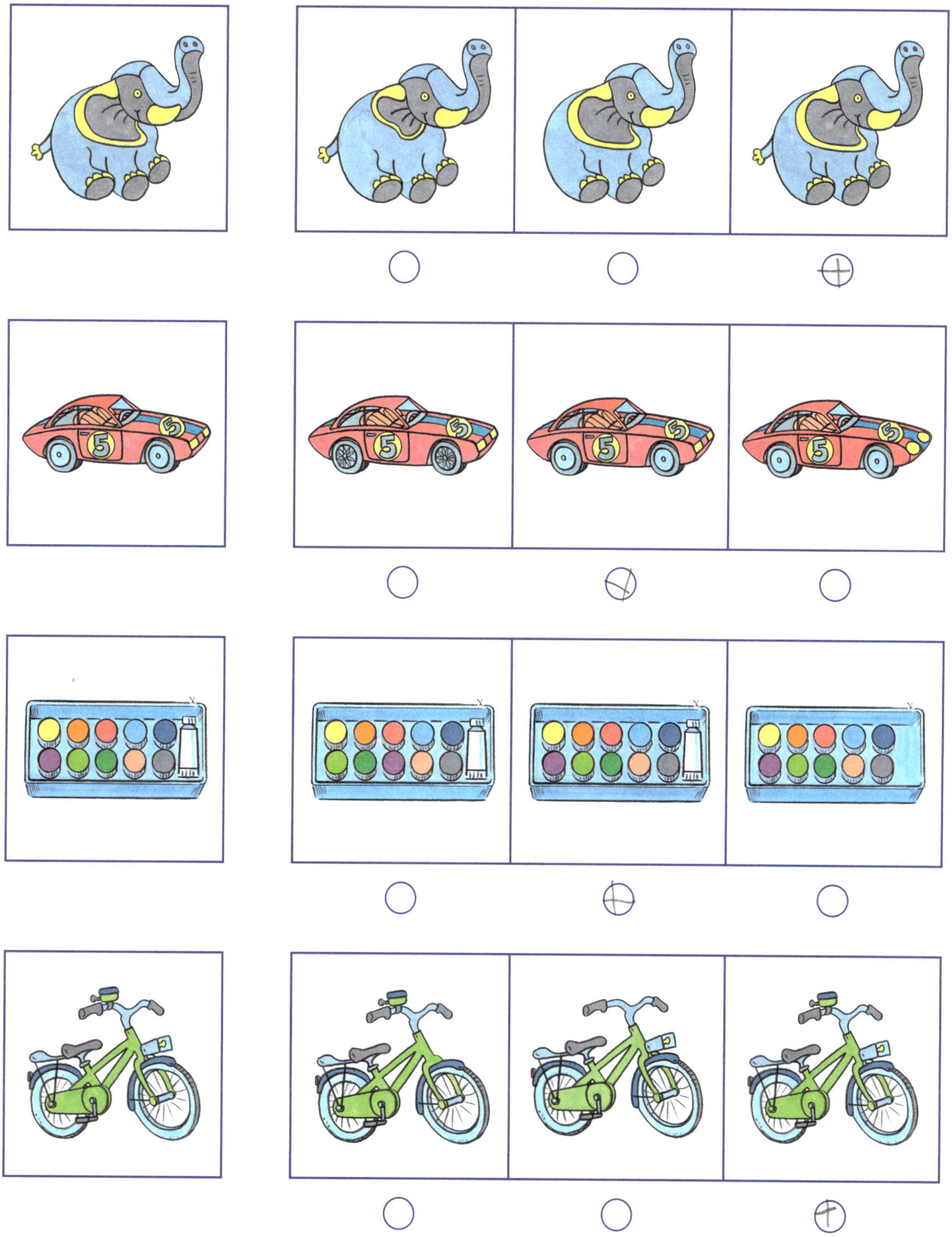

1

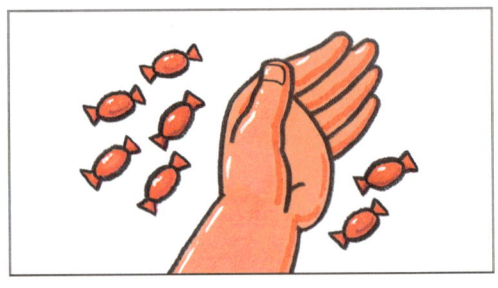

9 – 3 = ___

___ – ___ = ___

2

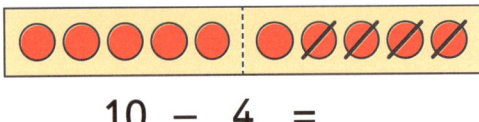

10 – 4 = ___

___ – ___ = ___

___ – ___ = ___

___ – ___ = ___

___ – ___ = ___

___ – ___ = ___

___ – ___ = ___

___ – ___ = ___

___ – ___ = ___

___ – ___ = ___

___ – ___ = ___

3 Streiche weg und rechne.

$$6 - 4 = \underline{}$$

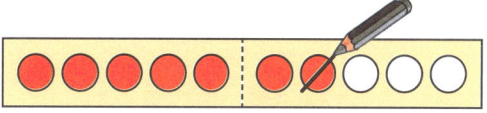

$$7 - 5 = \underline{}$$

$$10 - 6 = \underline{}$$

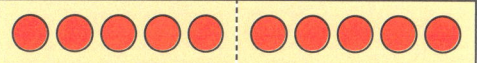

$$10 - 8 = \underline{}$$

$$9 - 4 = \underline{}$$

$$9 - 6 = \underline{}$$

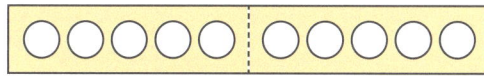

$$8 - 4 = \underline{}$$

$$7 - 6 = \underline{}$$

4 Male und rechne.

$$10 - 3 = \underline{}$$

$$7 - 4 = \underline{}$$

$$9 - 5 = \underline{}$$

$$8 - 3 = \underline{}$$

5 Rechne.

$8 - 2 = \underline{}$	$7 - 5 = \underline{}$	$7 - 7 = \underline{}$
$9 - 2 = \underline{}$	$9 - 3 = \underline{}$	$6 - 0 = \underline{}$
$10 - 2 = \underline{}$	$8 - 5 = \underline{}$	$10 - 5 = \underline{}$

1 Finde die Umkehraufgabe.

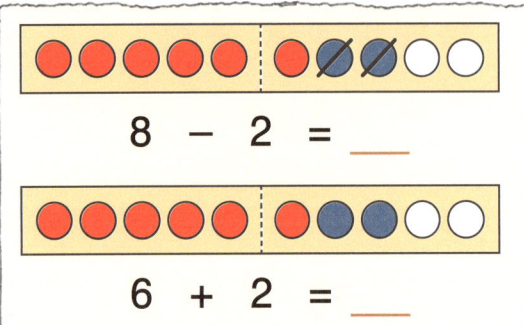

8 – 2 = ___

6 + 2 = ___

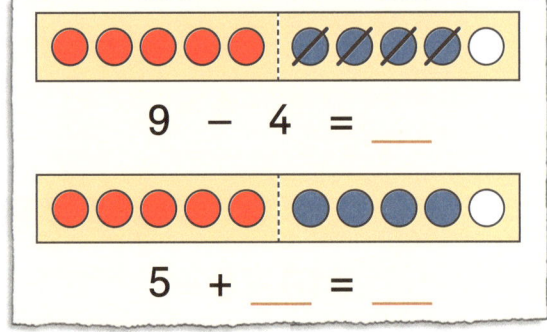

9 – 4 = ___

5 + ___ = ___

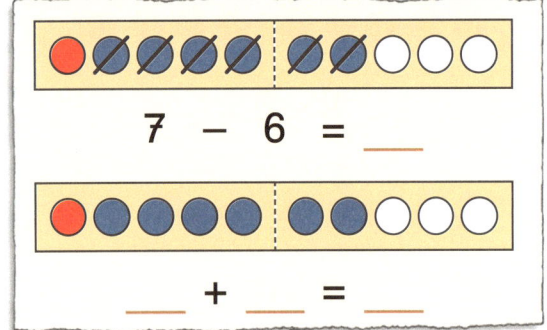

7 – 6 = ___

___ + ___ = ___

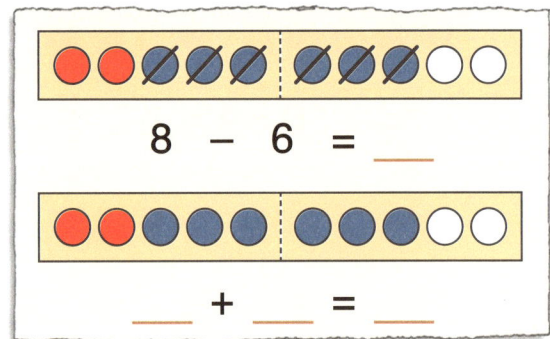

8 – 6 = ___

___ + ___ = ___

2 Streiche weg und rechne. Verbinde mit der Umkehraufgabe.

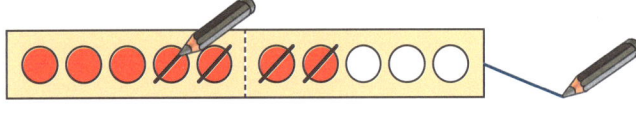

7 – 4 = ___

8 – 5 = ___

10 – 4 = ___

9 – 3 = ___

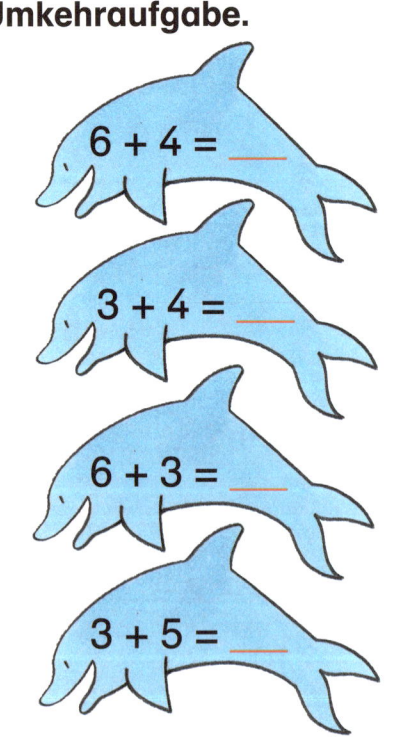

6 + 4 = ___

3 + 4 = ___

6 + 3 = ___

3 + 5 = ___

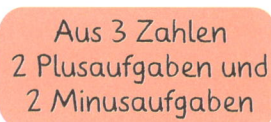 

Aus 3 Zahlen
2 Plusaufgaben und
2 Minusaufgaben

3   6   9

$3 + 6 = 9$	$9 - 6 = 3$
$6 + 3 = 9$	$9 - 3 = 6$

1 **Finde zu den Zahlen alle 4 Aufgaben.**

2   5   7

$2 + 5 = 7$
$5 + 2 = \underline{}$
$7 - 2 = \underline{}$
$7 - 5 = \underline{}$

2   6   8

$2 + 6 = \underline{}$
$6 + \underline{} = \underline{}$
$8 - 2 = \underline{}$
$8 - \underline{} = \underline{}$

4   5   9

$4 + 5 = \underline{}$
$5 + \underline{} = \underline{}$
$9 - 4 = \underline{}$
$\underline{} - \underline{} = \underline{}$

3   4   7

$3 + 4 = \underline{}$
$\underline{} + \underline{} = \underline{}$
$7 - 3 = \underline{}$
$\underline{} - 4 = \underline{}$

5   3   8

$5 + \underline{} = \underline{}$
$3 + \underline{} = \underline{}$
$8 - \underline{} = \underline{}$
$8 - \underline{} = \underline{}$

2   8   10

$\underline{} + 8 = \underline{}$
$\underline{} + 2 = \underline{}$
$\underline{} - 2 = \underline{}$
$\underline{} - 8 = \underline{}$

4   10   6

$4 + 6 = \underline{}$
$\underline{} + \underline{} = \underline{}$
$10 - 4 = \underline{}$
$\underline{} - \underline{} = \underline{}$

2   9   7

$2 + \underline{} = \underline{}$
$\underline{} + \underline{} = \underline{}$
$\underline{} - \underline{} = \underline{}$
$\underline{} - \underline{} = \underline{}$

10   7   3

$\underline{} + \underline{} = \underline{}$
$\underline{} + \underline{} = \underline{}$
$\underline{} - \underline{} = \underline{}$
$\underline{} - \underline{} = \underline{}$

1 Fahre nach:

Dreiecke   Rechtecke   Kreise   Quadrate

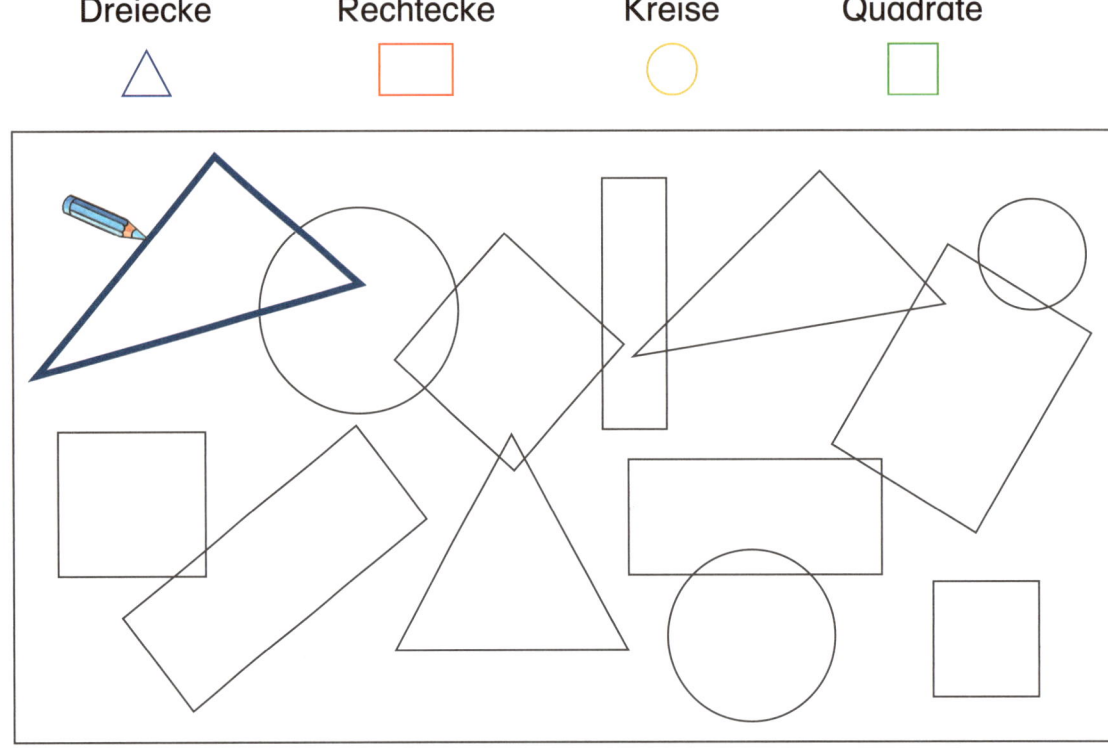

2 Male aus und zähle.

Setze die Muster fort.

1

2

3

1 **Bündle immer 10 Eier.**

1 Zehner   3 Einer   13

1 Zehner ___ Einer ☐

___ Zehner ___ Einer ☐

___ Zehner ___ Einer ☐

___ Zehner ___ Einer ☐

2 **Immer 10, kreise ein.**

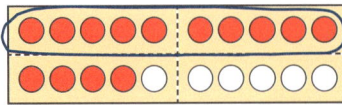

1 Zehner   4 Einer   14

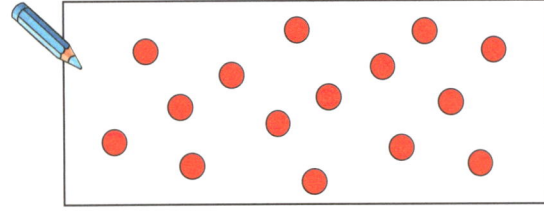

___ Zehner ___ Einer ☐

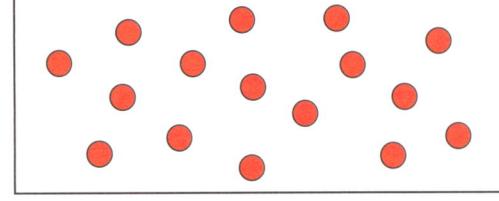

___ Zehner ___ Einer ☐

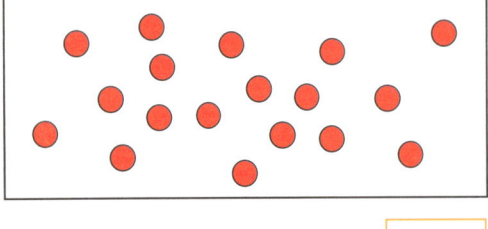

___ Zehner ___ Einer ☐

___ Zehner ___ Einer ☐

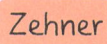 Zehner   Einer

Z	E
1	1

$10 + 1 = \underline{}$ elf

Z	E

$10 + 2 = \underline{}$ zwölf

Z	E

$10 + \underline{} = \underline{}$ dreizehn

Z	E

$10 + \underline{} = \underline{}$ vierzehn

Z	E

$10 + \underline{} = \underline{}$ fünfzehn

Z	E

$10 + \underline{} = \underline{}$ sechzehn

Z	E

$10 + \underline{} = \underline{}$ siebzehn

Z	E

$10 + \underline{} = \underline{}$ achtzehn

Z	E

$10 + \underline{} = \underline{}$ neunzehn

Z	E

$10 + 10 = 20$ zwanzig

①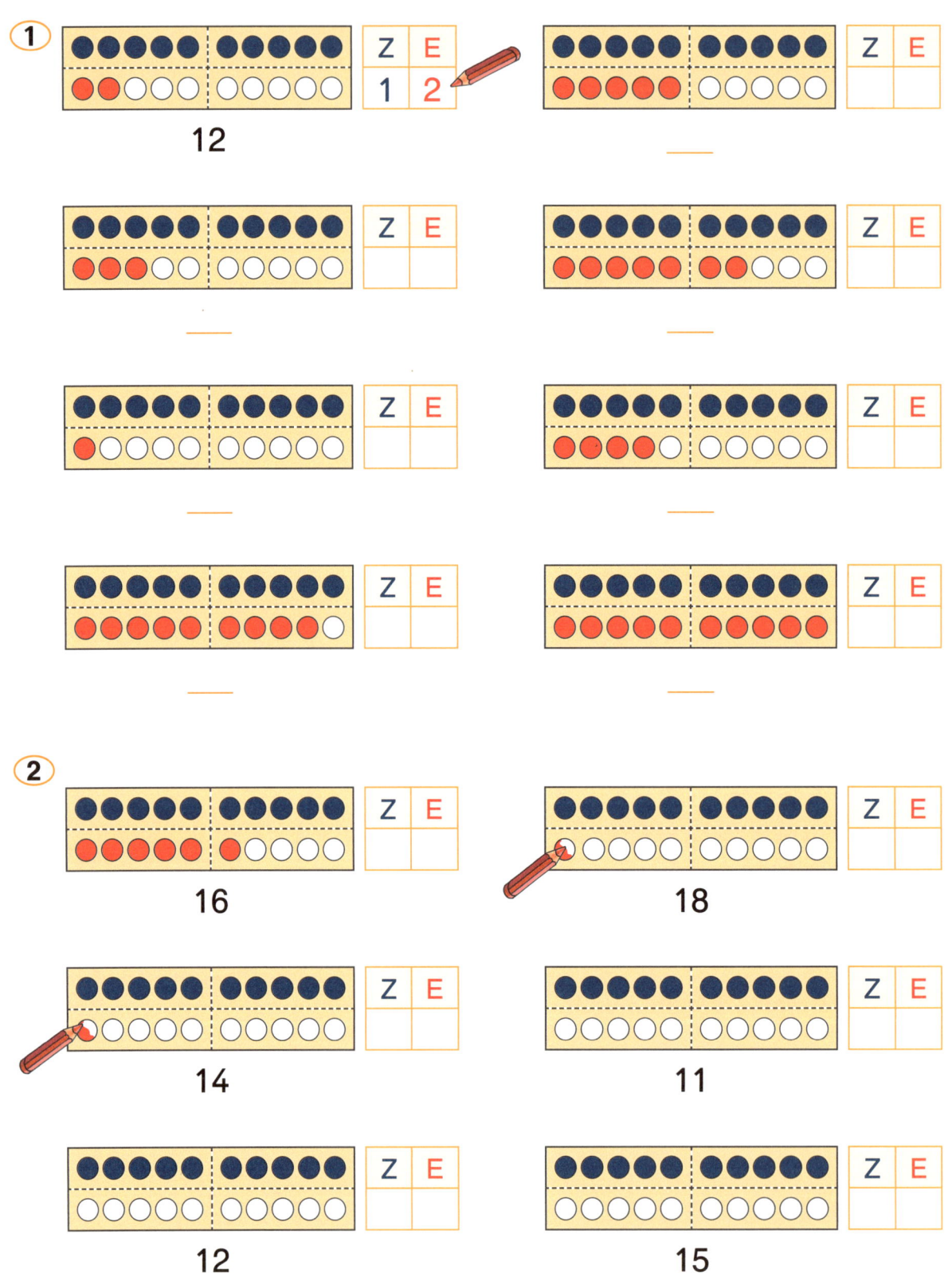

12

Z	E
1	2

___

Z	E

___

Z	E

___

Z	E

___

Z	E

___

Z	E

___

Z	E

② 16

18

14

11

12

15

1

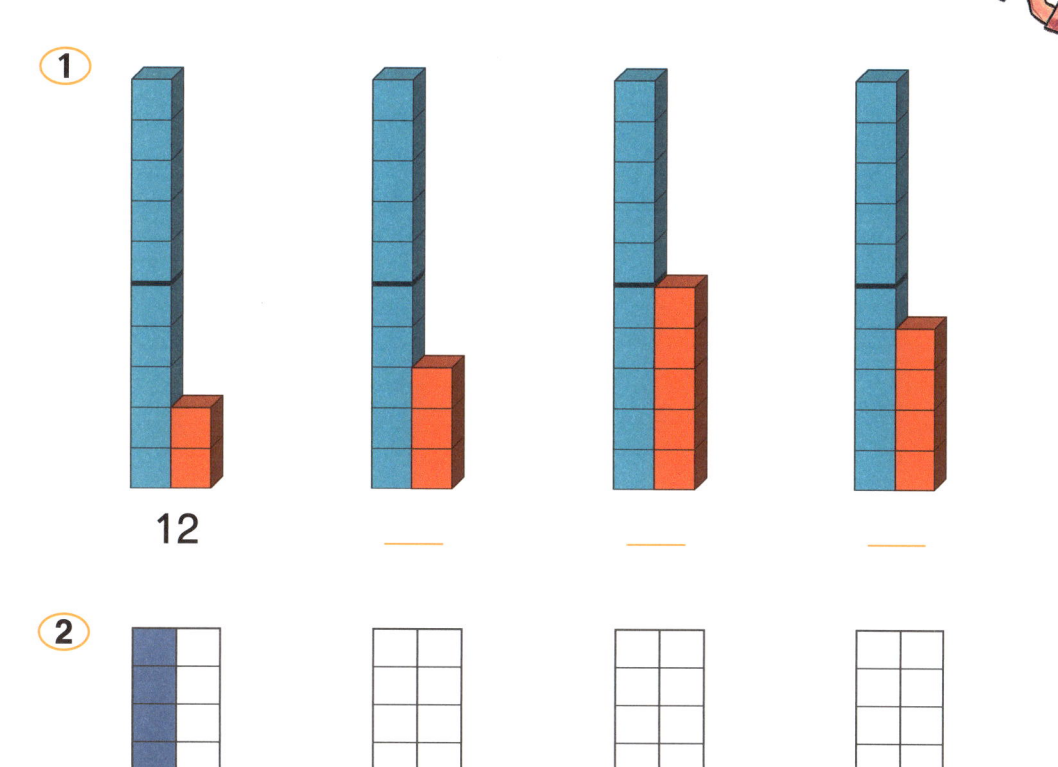

12   ___   ___   ___   ___

2

15   17   12   16   19

3   **Ergänze.**

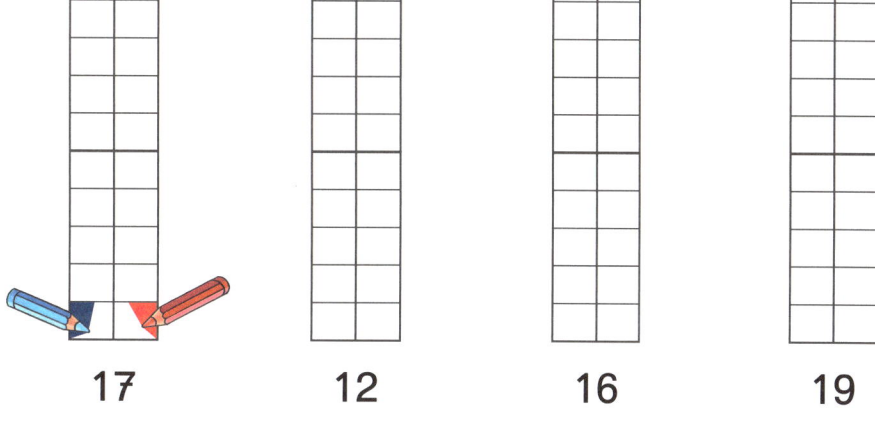

•	••	•••			•••••		**I**
1	2	3			8	9	10

I•	I••		I•••		I••••
11	12		17		

1 Ergänze die Zahlen.

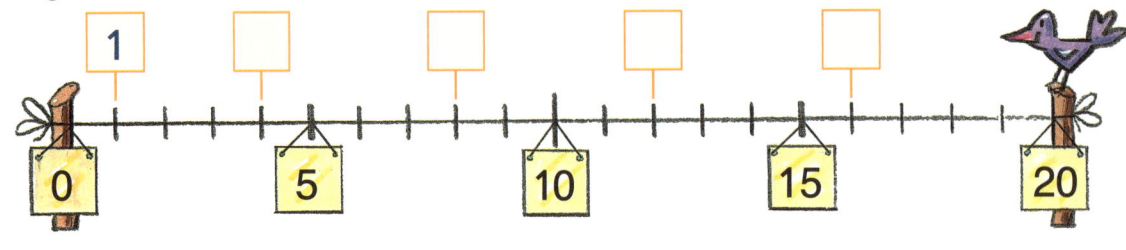

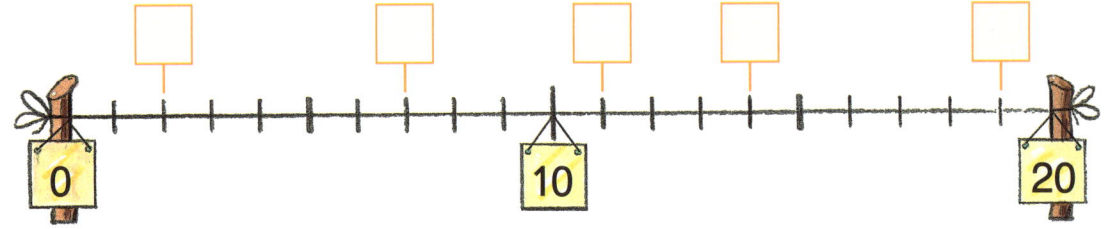

2 Verbinde.

| 3 | 6 | 13 | 15 | 17 |

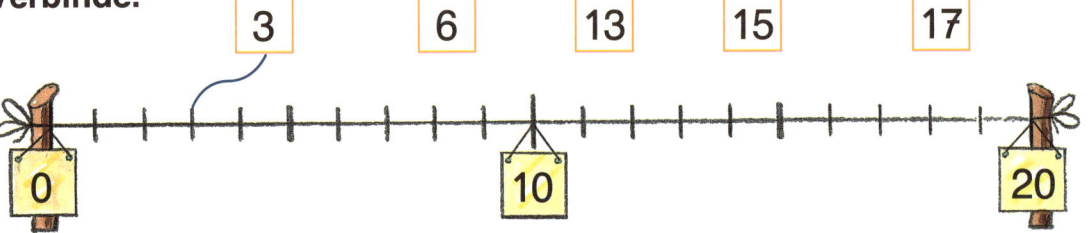

3 Zähle vorwärts.

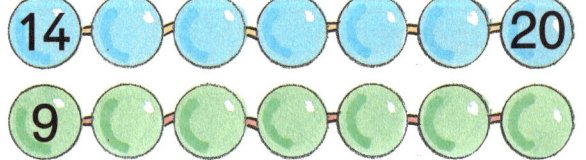

4 Zähle rückwärts.

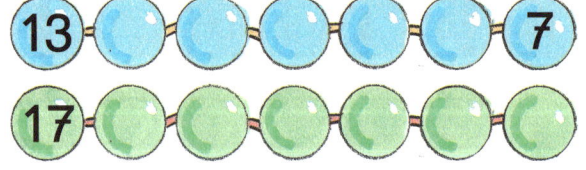

13 ist der Vorgänger von 14.

15 ist der Nachfolger von 14.

Vorgänger	Zahl	Nachfolger
13	14	15

1 **Trage den Nachfolger ein.**

18	19

12	

17	

16	

13	

15	

11	

14	

2 **Trage den Vorgänger ein.**

12	13

	16

	14

	12

	17

	15

	19

	11

3 **Trage die Nachbarzahlen ein.**

a)

Vorgänger	Zahl	Nachfolger
	14	
	17	
	12	
	19	

b)

Vorgänger	Zahl	Nachfolger
	16	
	10	
	18	
	11	

1 Vergleiche: <, =, >

16 ◯ ___

___ ◯ ___

___ ◯ ___

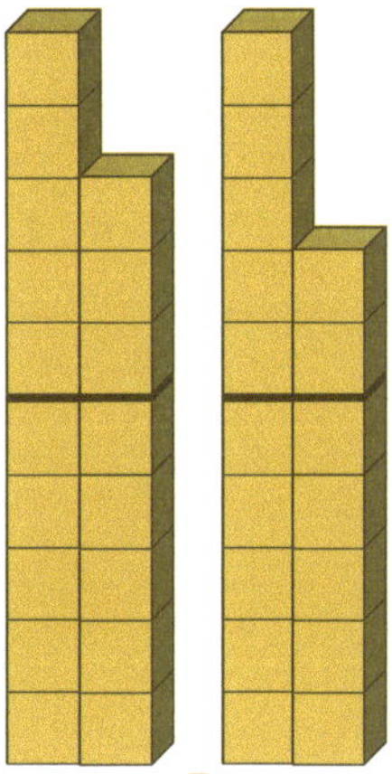

___ ◯ ___

___ ◯ ___

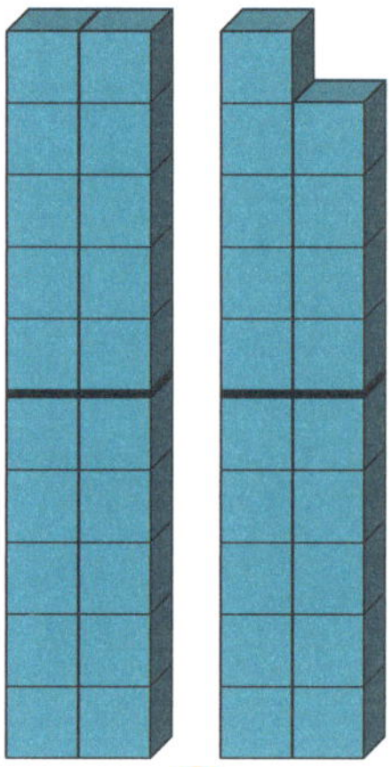

___ ◯ ___

2 Ergänze und vergleiche: <, =, >

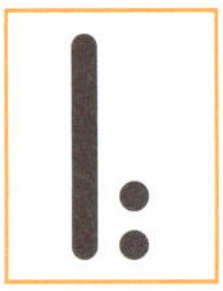

12 ◯ 13

15 ◯ 14

17 ◯ 17

8 ◯ 18

10 ◯ 20

20 ◯ 19

1 Ordne die Zahlen. Beginne mit der kleinsten Zahl.

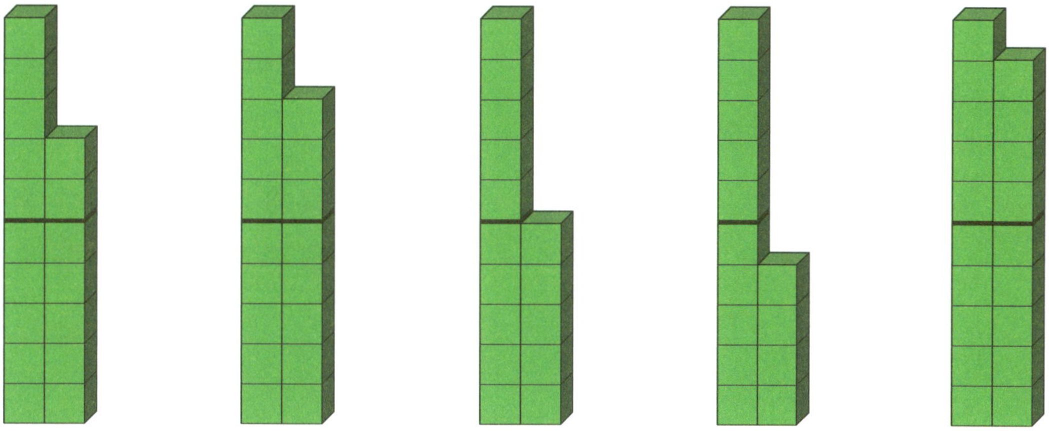

17 _____ _____ _____ _____

geordnet: _____, _____, _____, _____, _____

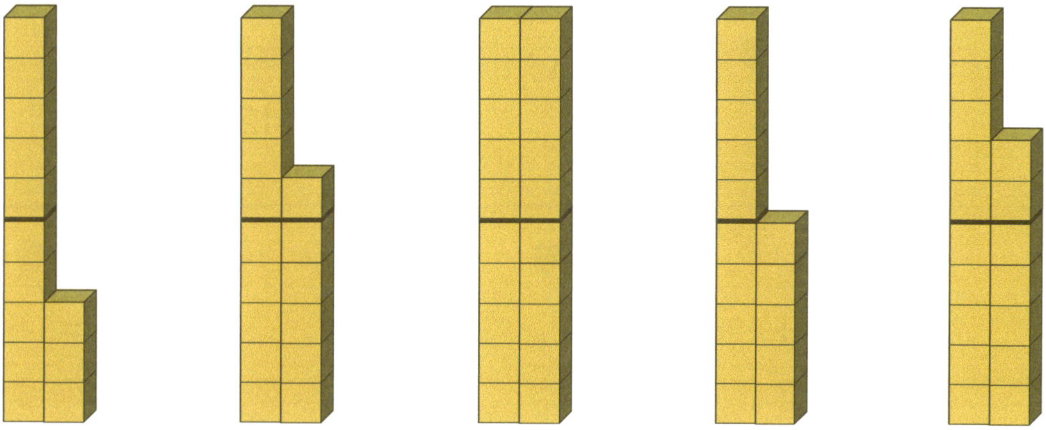

_____ _____ _____ _____ _____

geordnet: _____, _____, _____, _____, _____

2 Ordne die Zahlen. Beginne mit der größten Zahl.

_____ _____ _____ _____ _____

geordnet: _____, _____, _____, _____, _____

29

1 **Rechne.**

5 + 3 = ___

15 + 3 = ___

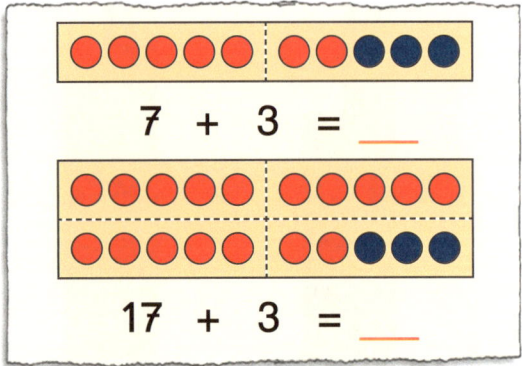

7 + 3 = ___

17 + 3 = ___

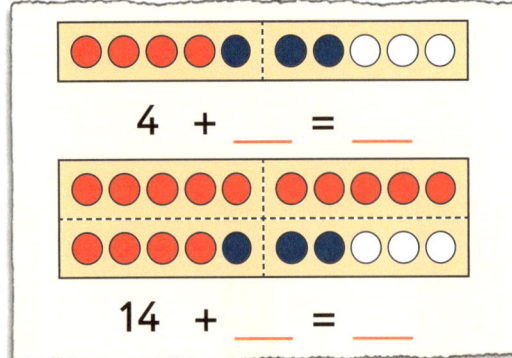

4 + ___ = ___

14 + ___ = ___

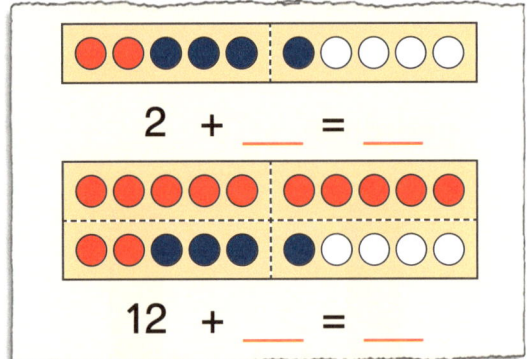

2 + ___ = ___

12 + ___ = ___

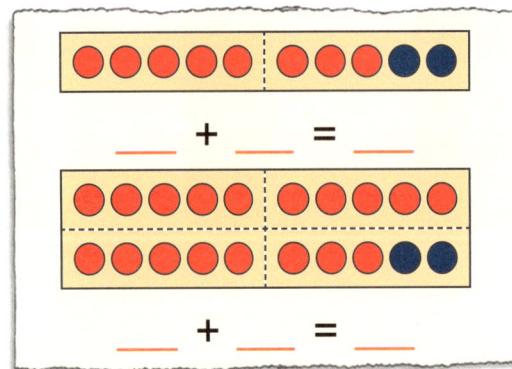

___ + ___ = ___

___ + ___ = ___

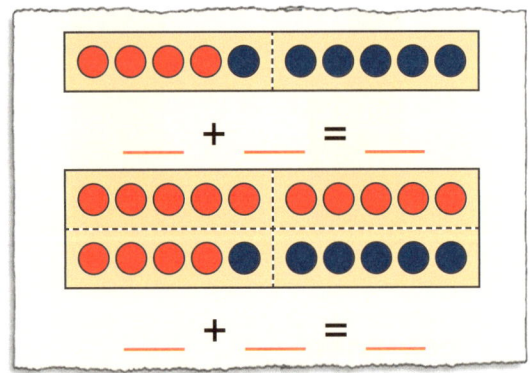

___ + ___ = ___

___ + ___ = ___

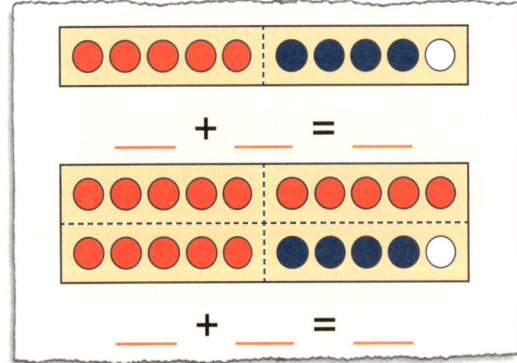

___ + ___ = ___

___ + ___ = ___

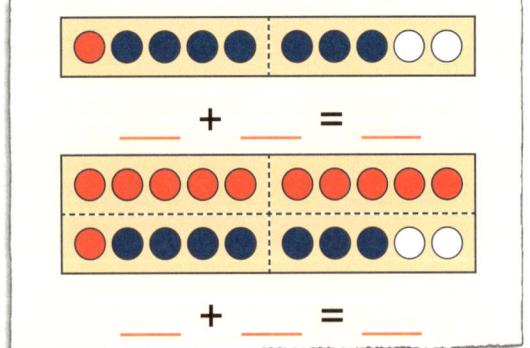

___ + ___ = ___

___ + ___ = ___

2 **Male und rechne.**

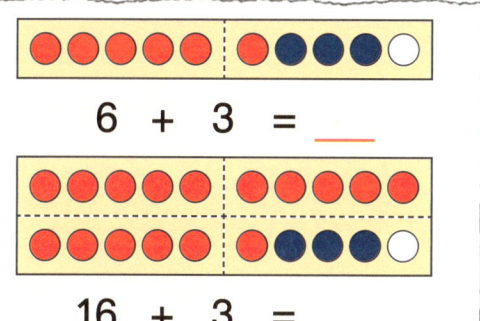

6 + 3 = ___

16 + 3 = ___

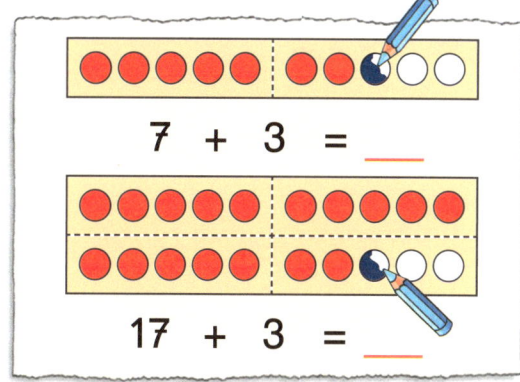

7 + 3 = ___

17 + 3 = ___

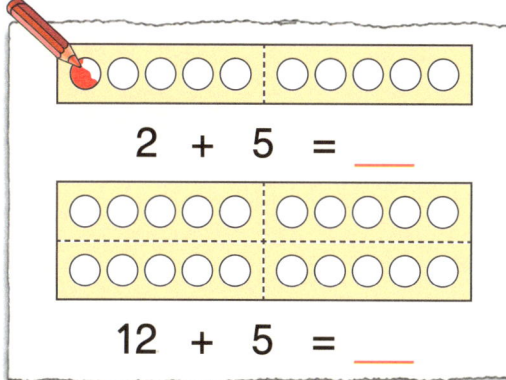

2 + 5 = ___

12 + 5 = ___

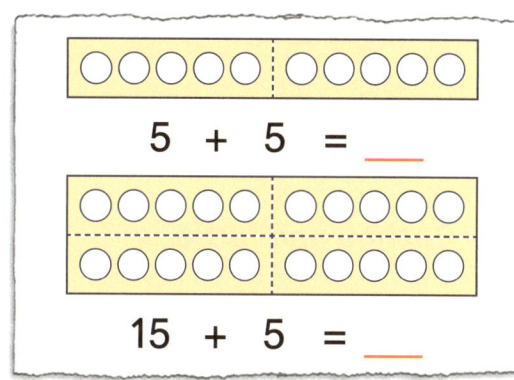

5 + 5 = ___

15 + 5 = ___

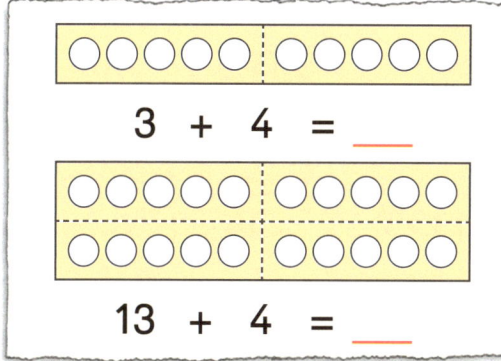

3 + 4 = ___

13 + 4 = ___

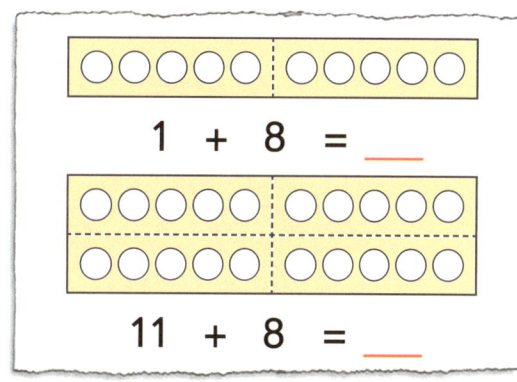

1 + 8 = ___

11 + 8 = ___

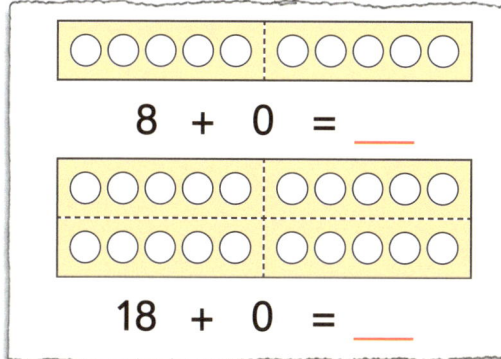

8 + 0 = ___

18 + 0 = ___

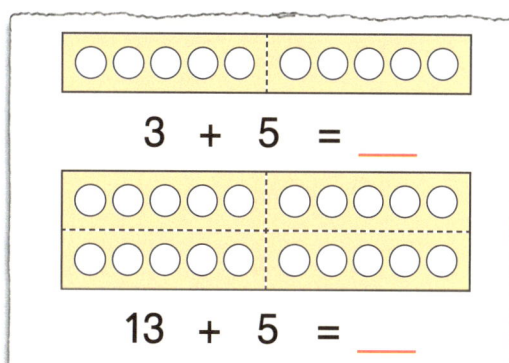

3 + 5 = ___

13 + 5 = ___

1 **Rechne.**

$5 + 2 = \underline{}$
$15 + 2 = \underline{}$

$4 + 4 = \underline{}$
$14 + 4 = \underline{}$

$1 + 5 = \underline{}$
$11 + 5 = \underline{}$

$6 + 4 = \underline{}$
$16 + 4 = \underline{}$

$7 + 2 = \underline{}$
$17 + 2 = \underline{}$

$5 + 4 = \underline{}$
$15 + 4 = \underline{}$

$2 + 4 = \underline{}$
$12 + 4 = \underline{}$

$3 + 5 = \underline{}$
$13 + 5 = \underline{}$

$3 + 6 = \underline{}$
$13 + 6 = \underline{}$

2 **Rechne und färbe.**

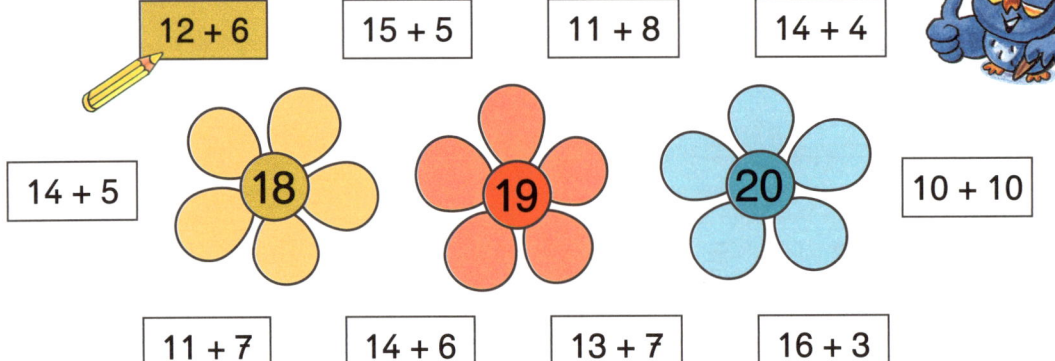

$12 + 6$ $15 + 5$ $11 + 8$ $14 + 4$

$14 + 5$ **18**   **19**   **20** $10 + 10$

$11 + 7$ $14 + 6$ $13 + 7$ $16 + 3$

3 **Denke an die kleine Aufgabe.**

$10 + 3 = \underline{}$
$11 + 3 = \underline{}$
$12 + 3 = \underline{}$
$13 + 3 = \underline{}$
$14 + 3 = \underline{}$

$13 + 2 = \underline{}$
$13 + 3 = \underline{}$
$13 + 4 = \underline{}$
$13 + 5 = \underline{}$
$13 + 6 = \underline{}$

$13 + 7 = \underline{}$
$14 + 6 = \underline{}$
$15 + 5 = \underline{}$
$16 + 4 = \underline{}$
$17 + 3 = \underline{}$

Anne

Jonas

Tim

Paula

1 **Wer sieht was? Verbinde.**

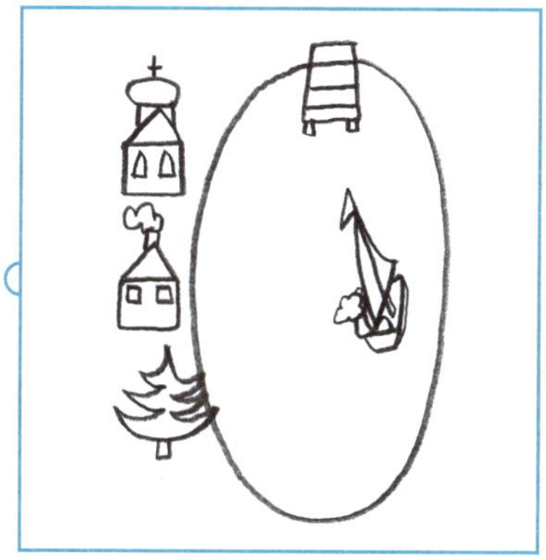

| Jonas |
| Anne |
| Tim |
| Paula |

33

2 + 14 = 16   oder 14 + 2 = 16

①

3 + 14 = ___

14 + 3 = ___

2 + ___ = ___

___ + ___ = ___

___ + ___ = ___

___ + ___ = ___

___ + ___ = ___

___ + ___ = ___

2 **Male und rechne. Löse zuerst die Tauschaufgabe.**

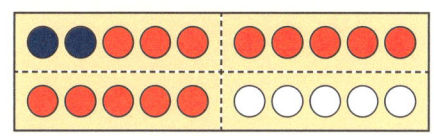

$$2 + 13 = \underline{}$$

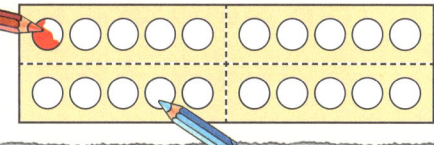

$$13 + 2 = \underline{}$$

$$3 + 15 = \underline{}$$

$$15 + 3 = \underline{}$$

$$4 + 11 = \underline{}$$

$$11 + 4 = \underline{}$$

Die Tauschaufgabe ist leichter.

3 **Löse zuerst die Tauschaufgabe.**

$$2 + 14 = \underline{}$$
$$14 + 2 = \underline{}$$

$$6 + 13 = \underline{}$$
$$13 + 6 = \underline{}$$

$$5 + 12 = \underline{}$$
$$12 + 5 = \underline{}$$

$$1 + 18 = \underline{}$$
$$18 + 1 = \underline{}$$

$$5 + 15 = \underline{}$$
$$15 + 5 = \underline{}$$

$$3 + 16 = \underline{}$$
$$16 + 3 = \underline{}$$

1 **Rechne.**

7 – 4 = __

17 – 4 = __

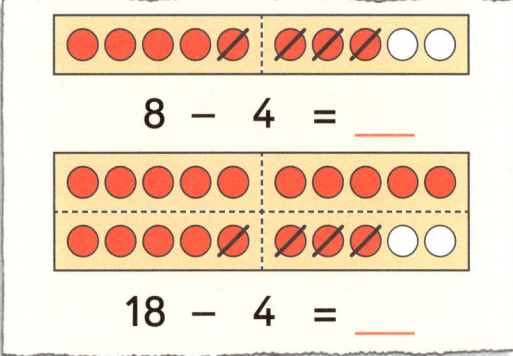

8 – 4 = __

18 – 4 = __

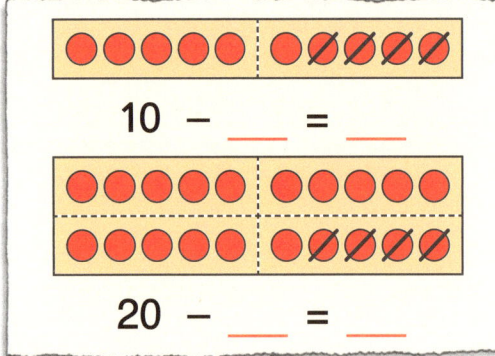

10 – __ = __

20 – __ = __

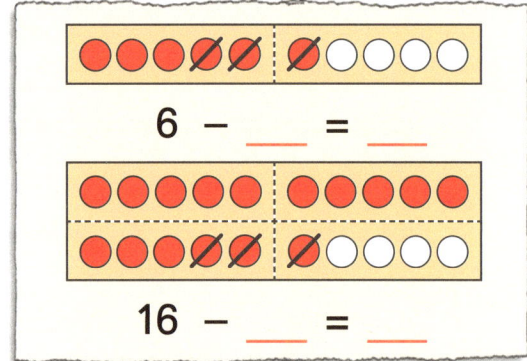

6 – __ = __

16 – __ = __

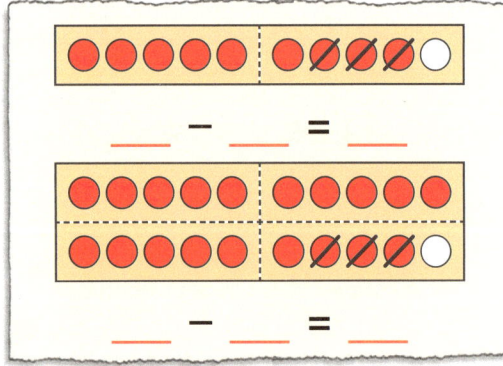

__ – __ = __

__ – __ = __

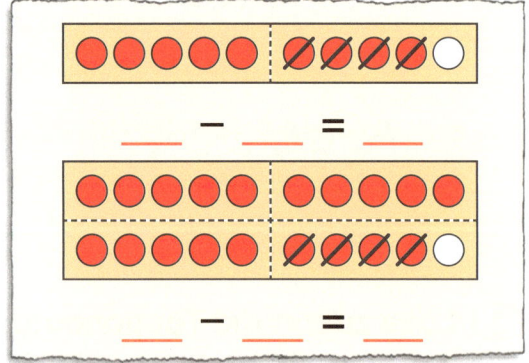

__ – __ = __

__ – __ = __

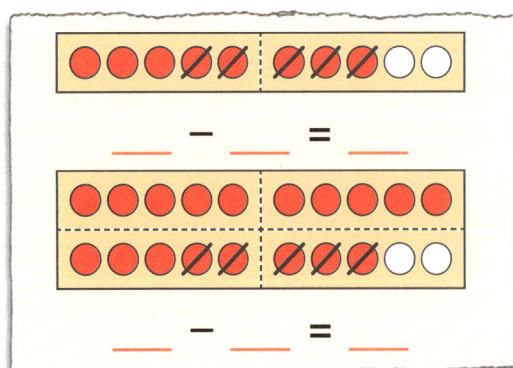

__ – __ = __

__ – __ = __

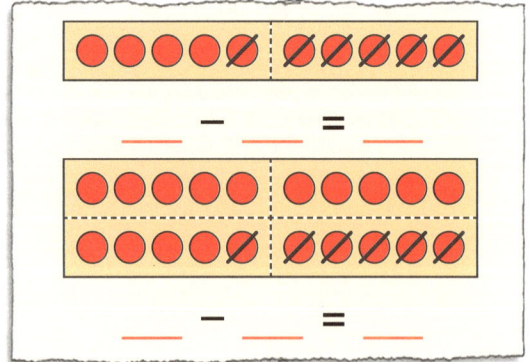

__ – __ = __

__ – __ = __

Lösungen Mathe-Stars 2 Inklusion
(zum Heraustrennen die mittlere Klammer lösen)

---

①

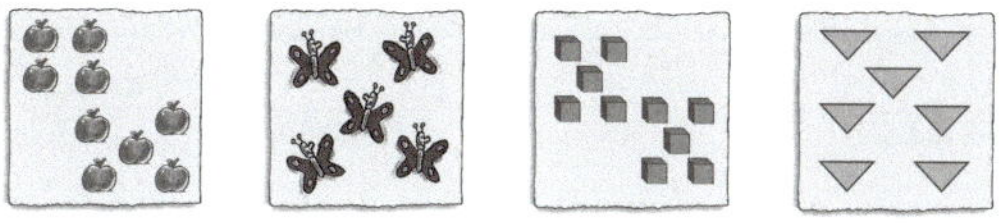

9   5   10   7

②

8   5   7   10   4   9

③

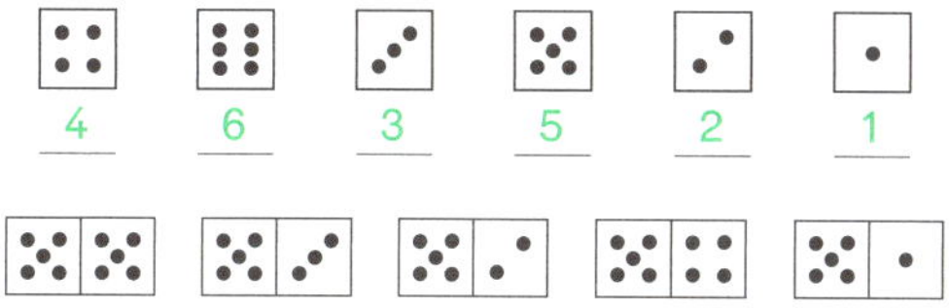

4   6   3   5   1

10   8   7   9   6

2

④ **Male.**

5   8   7

⑤

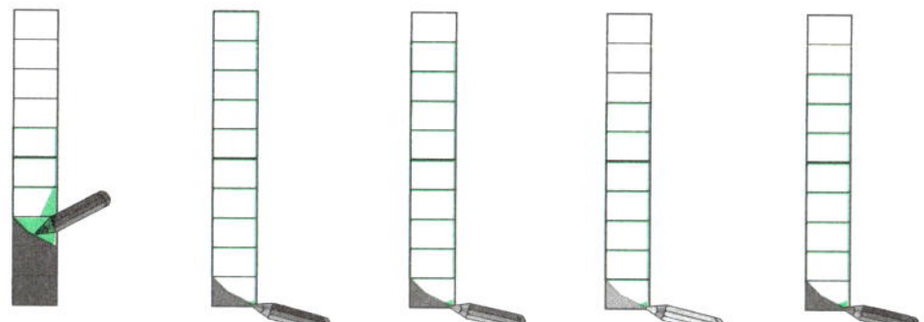

6   10   9   7   8

⑥

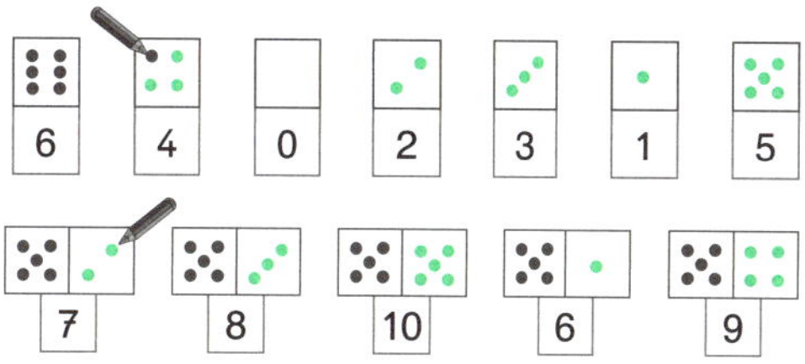

6   4   0   2   3   1   5

7   8   10   6   9

3

> < „ist kleiner als"
> = „ist gleich"
> > „ist größer als"

① **Vergleiche:** <, =, >

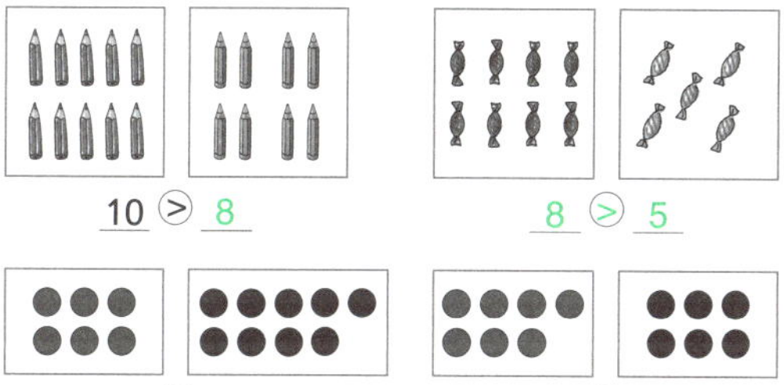

10 > 8   8 > 5

6 < 9   7 > 6

② **Ergänze und vergleiche.**

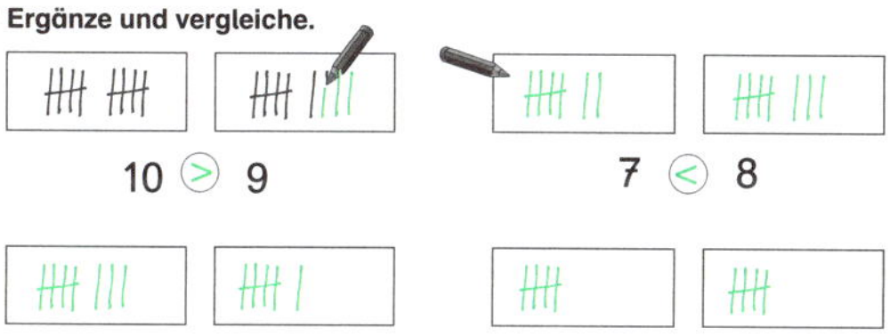

10 > 9   7 < 8

8 > 6   5 = 5

③ **Vergleiche:** <, =, >

5 > 3   2 < 4   1 < 3   6 > 5

7 < 9   10 > 9   8 = 8   7 < 10

4

---

① **Zähle vorwärts oder rückwärts.**

0 1 2 3 4   2 3 4 5 6 7 8 9
10 9 8 7 6   7 6 5 4 3 2 1 0

② a)

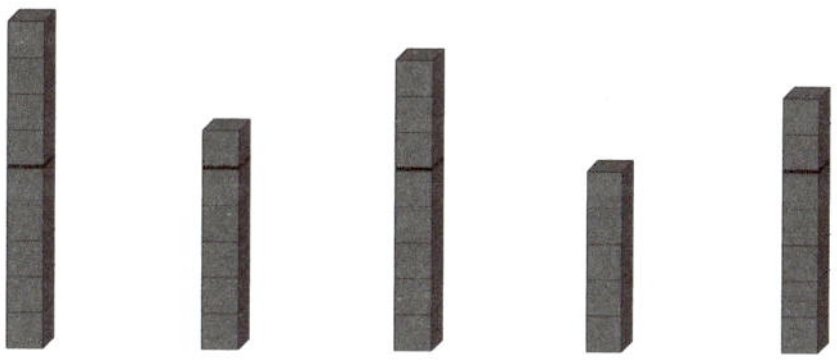

9   6   8   5   7

b) **Ordne die Zahlen. Beginne mit der kleinsten Zahl.**

geordnet: 5, 6, 7, 8, 9

③ a)

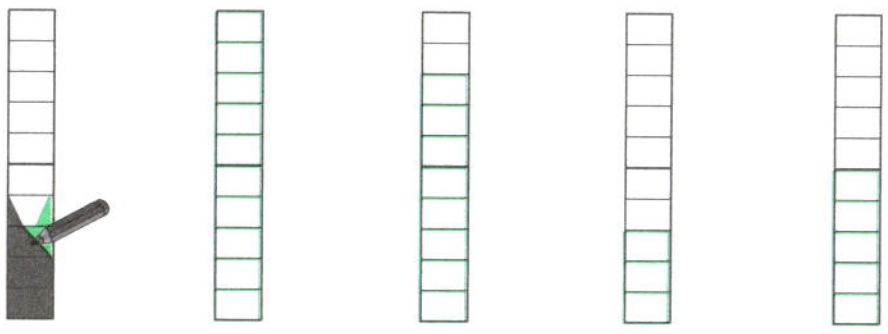

4   10   8   3   5

b) **Ordne die Zahlen. Beginne mit der größten Zahl.**

geordnet: 10, 8, 5, 4, 3

5

①

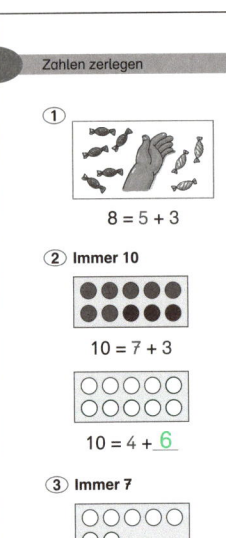

8 = 5 + 3   8 = 6 + 2   8 = 4 + 4

② Immer 10

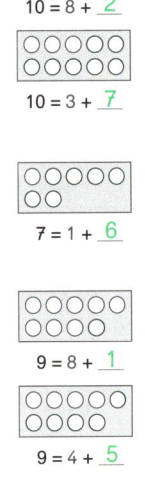

10 = 7 + 3   10 = 6 + 4   10 = 8 + 2

10 = 4 + 6   10 = 5 + 5   10 = 3 + 7

③ Immer 7

7 = 5 + 2   7 = 3 + 4   7 = 1 + 6

④ Immer 9

9 = 7 + 2   9 = 5 + 4   9 = 8 + 1

9 = 6 + 3   9 = 3 + 6   9 = 4 + 5

6

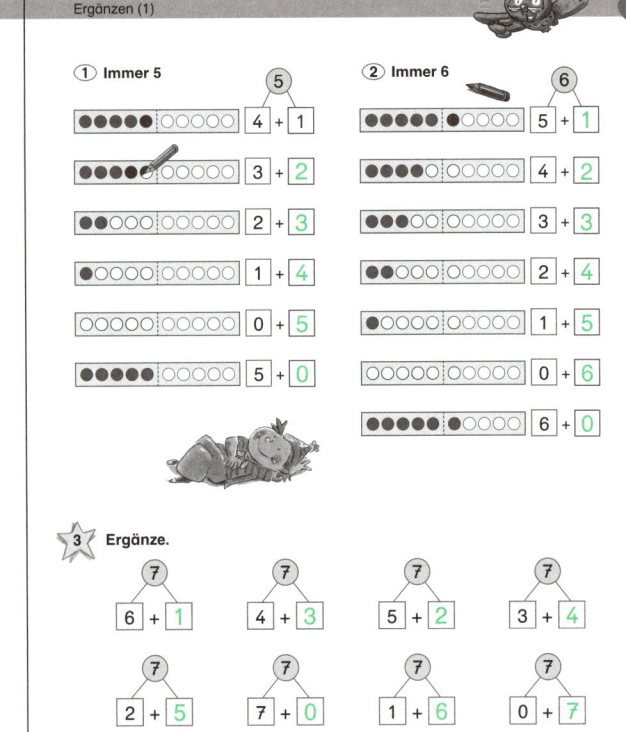

① Immer 5 — (5)

●●●●● ○○○○○ 4 + 1
●●●● ○○○○○   3 + 2
●●○○○ ○○○○○ 2 + 3
●○○○○ ○○○○○ 1 + 4
○○○○○ ○○○○○ 0 + 5
●●●●● ○○○○○ 5 + 0

② Immer 6 — (6)

●●●●● ●○○○○ 5 + 1
●●●● ○○○○○   4 + 2
●●● ○○○○○   3 + 3
●● ○○○○○   2 + 4
●○○○○ ○○○○○ 1 + 5
○○○○○ ○○○○○ 0 + 6
●●●●● ●○○○○ 6 + 0

3 Ergänze.

(7) 6 + 1
(7) 4 + 3
(7) 5 + 2
(7) 3 + 4

(7) 2 + 5
(7) 7 + 0
(7) 1 + 6
(7) 0 + 7

7

① Immer 9 — (9)

●●●●● ●●●○ 8 + 1
●●●●● ●●○○ 7 + 2
●●●●● ●○○○ 6 + 3
●●●●● ○○○○ 5 + 4
●●●● ○○○○○ 4 + 5
●●● ○○○○○   3 + 6
●● ○○○○○   2 + 7
●○○○○ ○○○○○ 1 + 8
○○○○○ ○○○○○ 0 + 9
●●●●● ●●●○ 9 + 0

② Immer 10 — (10)

●●●●● ●●●●○ 9 + 1
●●●●● ●●●○○ 8 + 2
●●●●● ●●○○○ 7 + 3
●●●●● ●○○○○ 6 + 4
●●●●● ○○○○○ 5 + 5
●●●● ○○○○○   4 + 6
●●● ○○○○○   3 + 7
●● ○○○○○   2 + 8
●○○○○ ○○○○○ 1 + 9
○○○○○ ○○○○○ 0 + 10
●●●●● ●●●●● 10 + 0

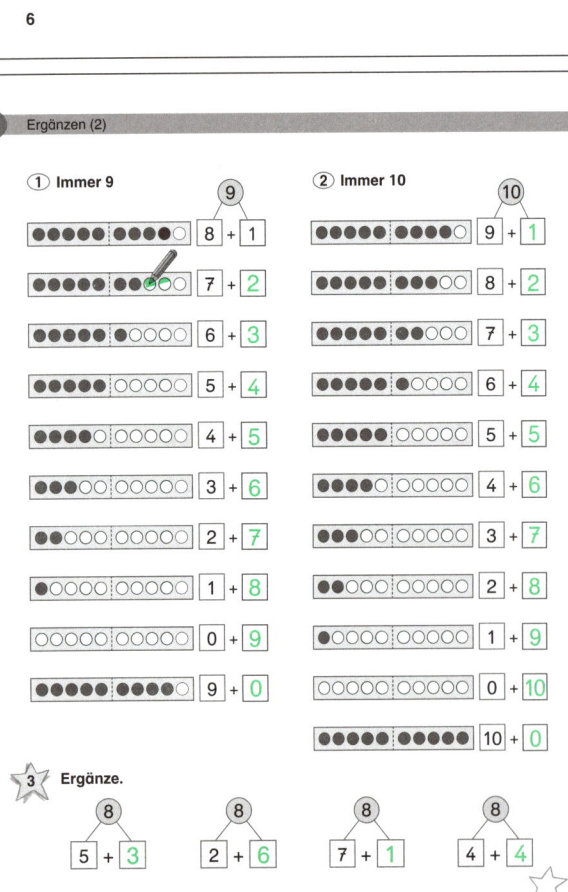

3 Ergänze.

(8) 5 + 3
(8) 2 + 6
(8) 7 + 1
(8) 4 + 4

8

Bringe die Bilder in die richtige Reihenfolge.

①

2   1   3

6   5   4

②

4   5

6   2

1   3

9

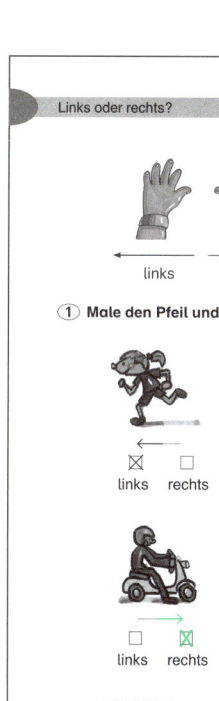

links   rechts   links   rechts

① **Male den Pfeil und kreuze an.** ⊠

⊠ ☐
links rechts

☐ ⊠
links rechts

⊠ ☐
links rechts

☐ ⊠
links rechts

☐ ⊠
links rechts

⊠ ☐
links rechts

☐ ⊠
links rechts

⊠ ☐
links rechts

☐ ⊠
links rechts

10

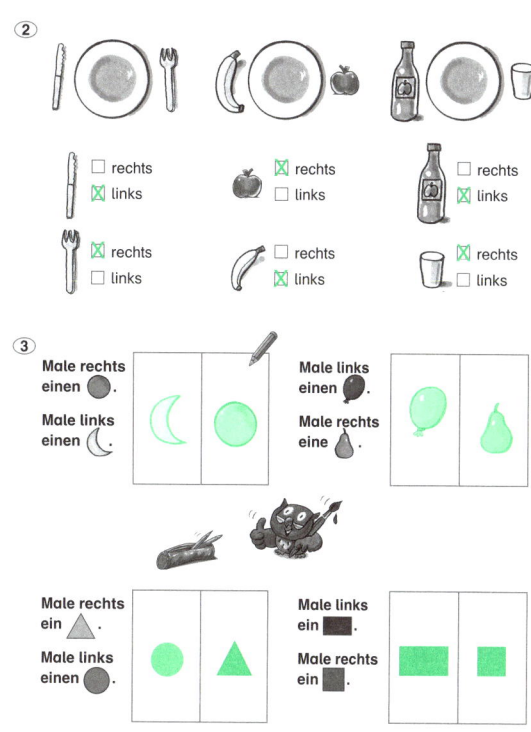

②

☐ rechts
⊠ links

⊠ rechts
☐ links

☐ rechts
⊠ links

⊠ rechts
☐ links

☐ rechts
⊠ links

⊠ rechts
☐ links

③

Male **rechts**
einen ⚫.

Male **links**
einen 🌙.

Male **links**
einen 🎈.

Male **rechts**
eine 🍐.

Male **rechts**
ein △.

Male **links**
einen ⚫.

Male **links**
ein ◼.

Male **rechts**
ein ◼.

11

---

①

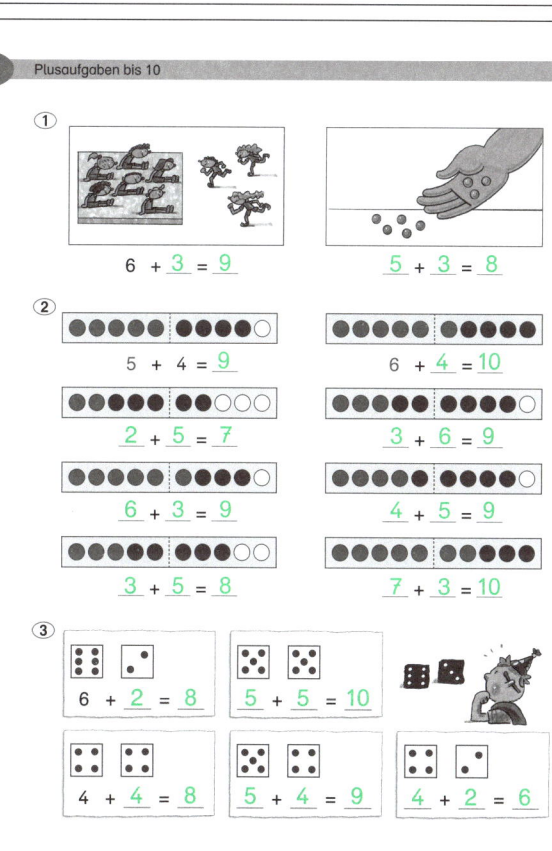

$6 + \underline{3} = \underline{9}$ $\underline{5} + \underline{3} = \underline{8}$

②

$5 + \underline{4} = \underline{9}$ $6 + \underline{4} = \underline{10}$

$\underline{2} + \underline{5} = \underline{7}$ $\underline{3} + \underline{6} = \underline{9}$

$\underline{6} + \underline{3} = \underline{9}$ $\underline{4} + \underline{5} = \underline{9}$

$\underline{3} + \underline{5} = \underline{8}$ $\underline{7} + \underline{3} = \underline{10}$

③

$6 + \underline{2} = \underline{8}$ $\underline{5} + \underline{5} = \underline{10}$

$4 + \underline{4} = \underline{8}$ $\underline{5} + \underline{4} = \underline{9}$ $\underline{4} + \underline{2} = \underline{6}$

12

④ **Male und rechne.**

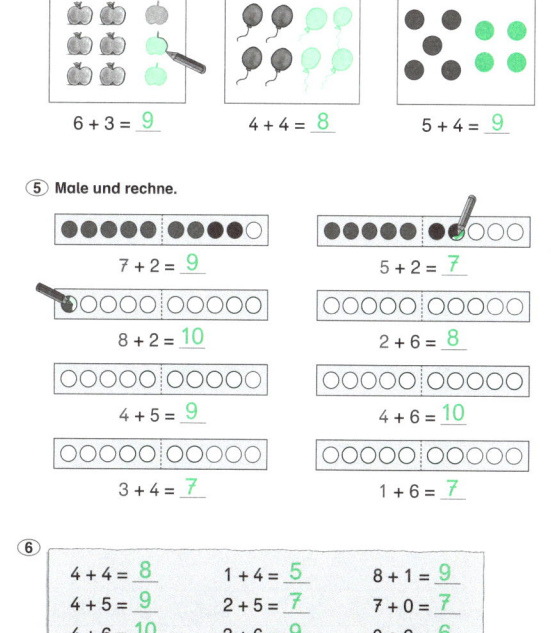

$6 + 3 = \underline{9}$ $4 + 4 = \underline{8}$ $5 + 4 = \underline{9}$

⑤ **Male und rechne.**

$7 + 2 = \underline{9}$ $5 + 2 = \underline{7}$

$8 + 2 = \underline{10}$ $2 + 6 = \underline{8}$

$4 + 5 = \underline{9}$ $4 + 6 = \underline{10}$

$3 + 4 = \underline{7}$ $1 + 6 = \underline{7}$

⑥

$4 + 4 = \underline{8}$ $1 + 4 = \underline{5}$ $8 + 1 = \underline{9}$

$4 + 5 = \underline{9}$ $2 + 5 = \underline{7}$ $7 + 0 = \underline{7}$

$4 + 6 = \underline{10}$ $3 + 6 = \underline{9}$ $0 + 6 = \underline{6}$

13

1 Finde die Tauschaufgabe. Verbinde und rechne.

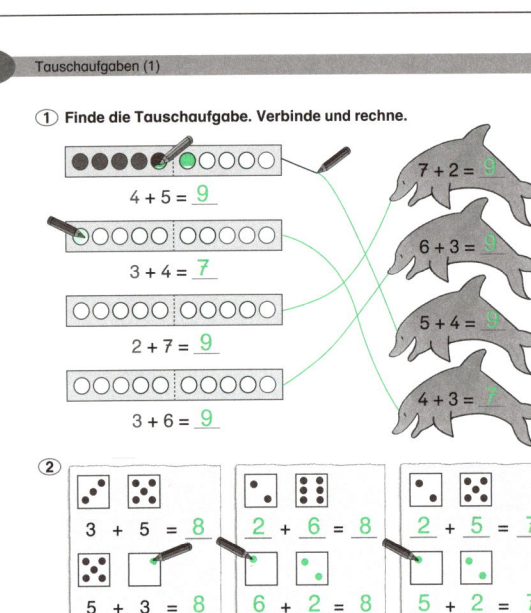

$4 + 5 = 9$

$3 + 4 = 7$

$2 + 7 = 9$

$3 + 6 = 9$

$7 + 2 = 9$

$6 + 3 = 9$

$5 + 4 = 9$

$4 + 3 = 7$

2

$3 + 5 = 8$
$5 + 3 = 8$

$2 + 6 = 8$
$6 + 2 = 8$

$2 + 5 = 7$
$5 + 2 = 7$

3

$1 + 8 = 9$
$8 + 1 = 9$

$3 + 6 = 9$
$6 + 3 = 9$

$2 + 8 = 10$
$8 + 2 = 10$

$3 + 7 = 10$
$7 + 3 = 10$

$1 + 6 = 7$
$6 + 1 = 7$

$4 + 6 = 10$
$6 + 4 = 10$

14

1 Suche den Zwilling. Kreuze an.

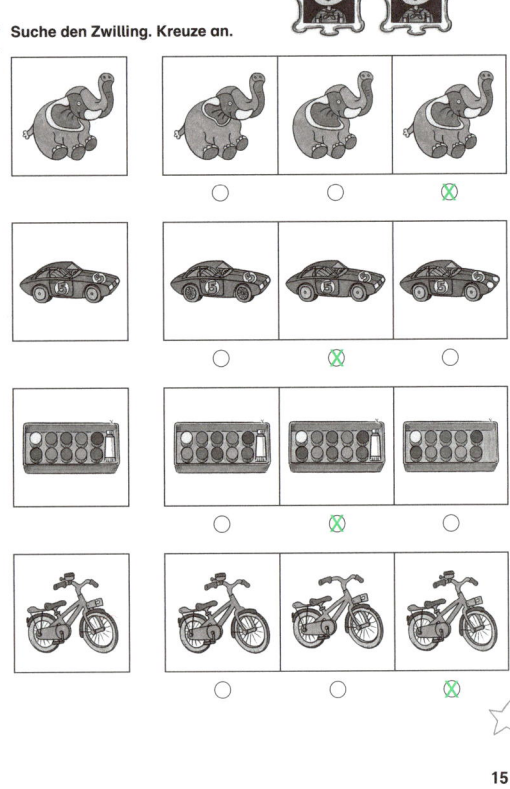

15

1

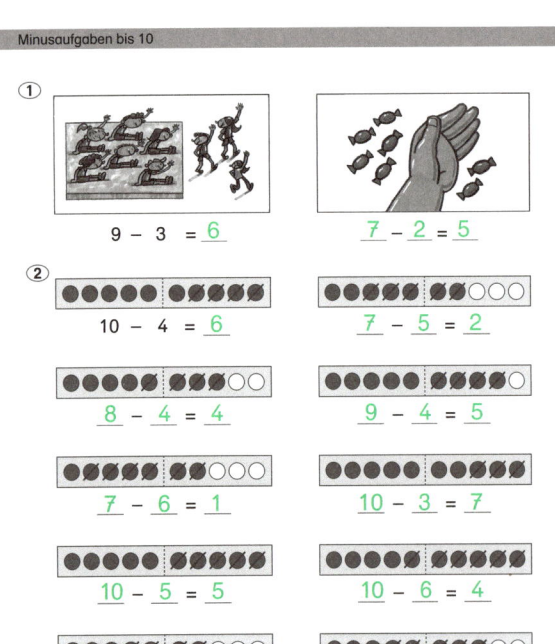

$9 - 3 = 6$

$7 - 2 = 5$

2

$10 - 4 = 6$

$7 - 5 = 2$

$8 - 4 = 4$

$9 - 4 = 5$

$7 - 6 = 1$

$10 - 3 = 7$

$10 - 5 = 5$

$10 - 6 = 4$

$7 - 4 = 3$

$8 - 5 = 3$

$9 - 5 = 4$

$9 - 8 = 1$

3 Streiche weg und rechne.

$6 - 4 = 2$

$7 - 5 = 2$

$10 - 6 = 4$

$10 - 8 = 2$

$9 - 4 = 5$

$9 - 6 = 3$

$8 - 4 = 4$

$7 - 6 = 1$

4 Male und rechne.

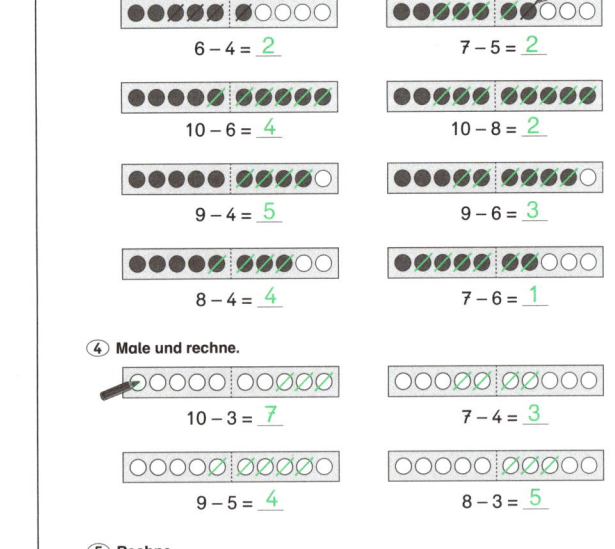

$10 - 3 = 7$

$7 - 4 = 3$

$9 - 5 = 4$

$8 - 3 = 5$

5 Rechne.

$8 - 2 = 6$	$7 - 5 = 2$	$7 - 7 = 0$
$9 - 2 = 7$	$9 - 3 = 6$	$6 - 0 = 6$
$10 - 2 = 8$	$8 - 5 = 3$	$10 - 5 = 5$

16

17

1 Finde die Umkehraufgabe.

●●●●●●|●●⊘○○
$8 - 2 = 6$

●●●●●●|●●○○
$6 + 2 = 8$

●●●●●|⊘⊘⊘⊘○
$9 - 4 = 5$

●●●●●|●●●●○
$5 + 4 = 9$

⊘⊘⊘⊘⊘|⊘⊘●○○
$7 - 6 = 1$

●●●●●●|●●○○
$1 + 6 = 7$

●●●●●●|⊘⊘○○
$8 - 6 = 2$

●●●●●●|●●○○
$2 + 6 = 8$

2 Streiche weg und rechne. Verbinde mit der Umkehraufgabe.

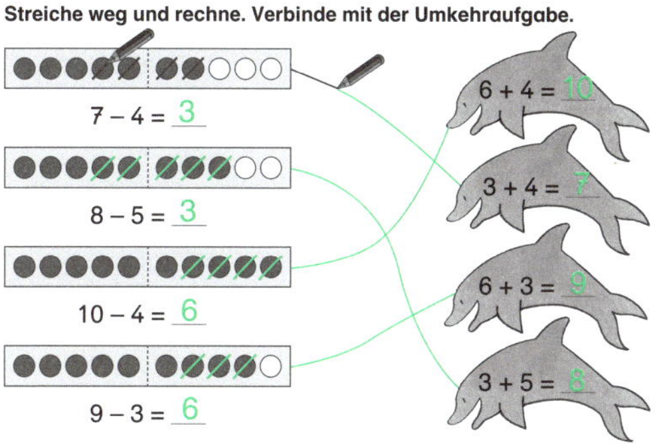

●●●●|⊘⊘⊘○○
$7 - 4 = 3$

●●●●●|⊘⊘⊘⊘⊘○
$8 - 5 = 3$

●●●●|⊘⊘⊘⊘⊘⊘○
$10 - 4 = 6$

●●●●●●|⊘⊘⊘○
$9 - 3 = 6$

$6 + 4 = 10$

$3 + 4 = 7$

$6 + 3 = 9$

$3 + 5 = 8$

Aus 3 Zahlen
2 Plusaufgaben und
2 Minusaufgaben

3 6 9

$3 + 6 = 9$	$9 - 6 = 3$
$6 + 3 = 9$	$9 - 3 = 6$

1 Finde zu den Zahlen alle 4 Aufgaben.

2 5 7
$2 + 5 = 7$
$5 + 2 = 7$
$7 - 2 = 5$
$7 - 5 = 2$

2 6 8
$2 + 6 = 8$
$6 + 2 = 8$
$8 - 2 = 6$
$8 - 6 = 2$

4 5 9
$4 + 5 = 9$
$5 + 4 = 9$
$9 - 4 = 5$
$9 - 5 = 4$

3 4 7
$3 + 4 = 7$
$4 + 3 = 7$
$7 - 3 = 4$
$7 - 4 = 3$

5 3 8
$5 + 3 = 8$
$3 + 5 = 8$
$8 - 3 = 5$
$8 - 5 = 3$

2 8 10
$2 + 8 = 10$
$8 + 2 = 10$
$10 - 2 = 8$
$10 - 8 = 2$

2

4 10 6
$4 + 6 = 10$
$6 + 4 = 10$
$10 - 4 = 6$
$10 - 6 = 4$

2 9 7
$2 + 7 = 9$
$7 + 2 = 9$
$9 - 2 = 7$
$9 - 7 = 2$

10 7 3
$7 + 3 = 10$
$3 + 7 = 10$
$10 - 3 = 7$
$10 - 7 = 3$

z. B.   z. B.

---

1 Fahre nach:

Dreiecke   Rechtecke   Kreise   Quadrate

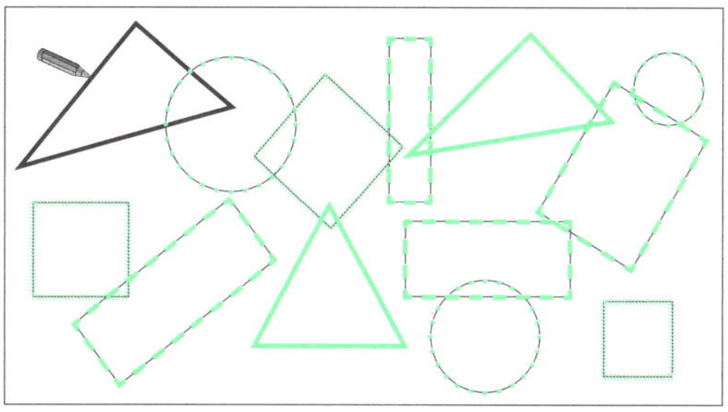

2 Male aus und zähle.

▲	■	●	■
6	5	5	3

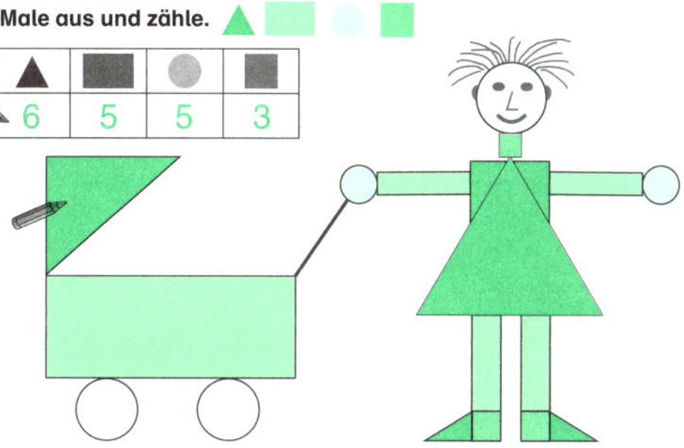

Setze die Muster fort.

1

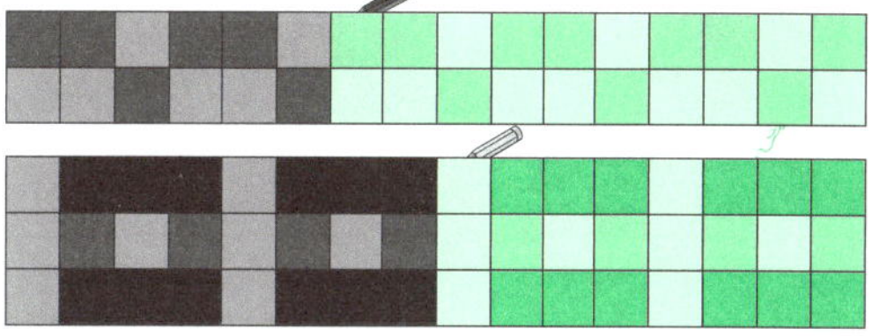

2

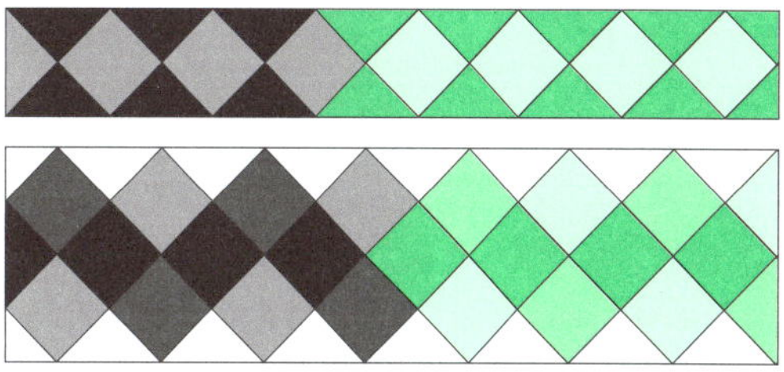

3

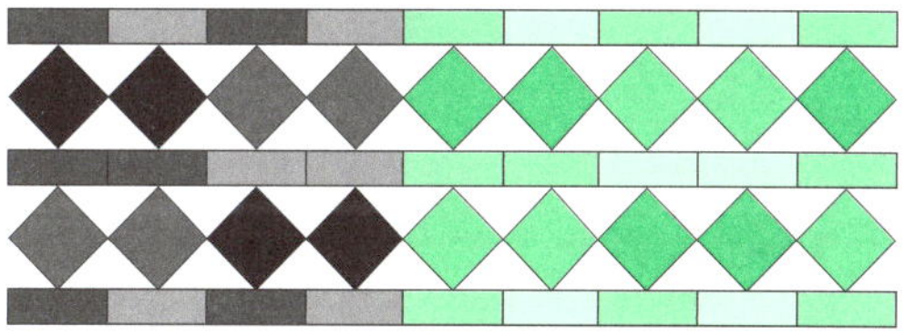

① **Bündle immer 10 Eier.**

1 Zehner 3 Einer 13

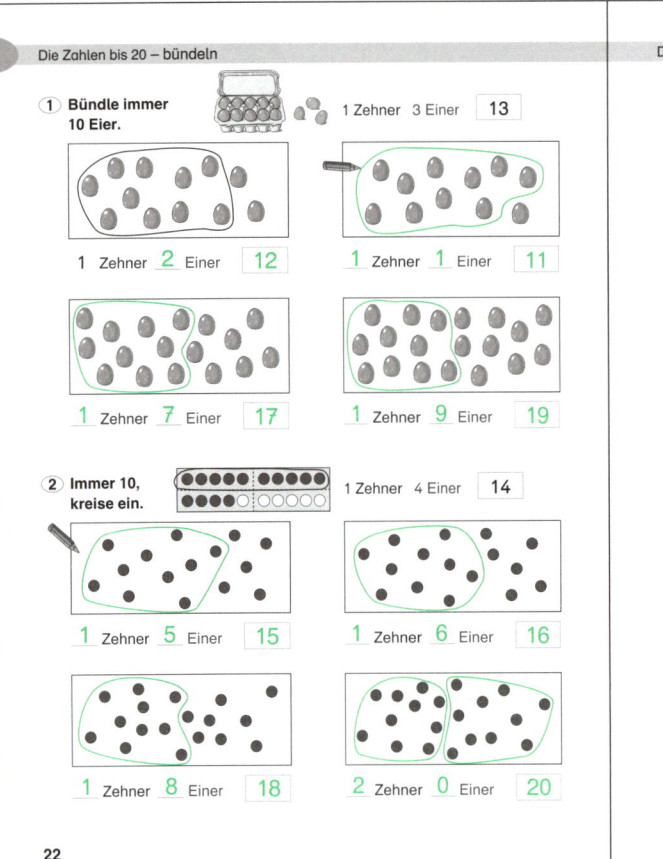

1 Zehner **2** Einer **12**   1 Zehner **1** Einer **11**

1 Zehner **7** Einer **17**   **1** Zehner **9** Einer **19**

② **Immer 10, kreise ein.**

1 Zehner 4 Einer 14

1 Zehner **5** Einer **15**   1 Zehner **6** Einer **16**

1 Zehner **8** Einer **18**   **2** Zehner **0** Einer **20**

22

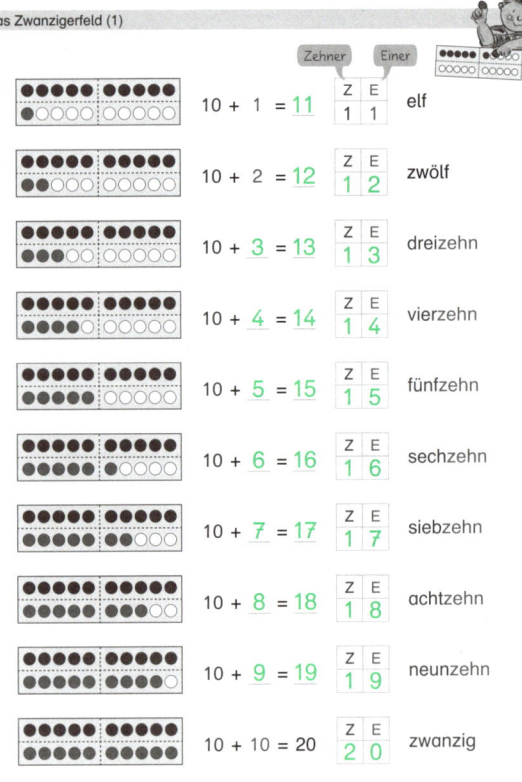

Zehner Einer

	Z	E	
10 + 1 = 11	1	1	elf
10 + 2 = 12	1	2	zwölf
10 + **3** = **13**	1	3	dreizehn
10 + **4** = **14**	1	4	vierzehn
10 + **5** = **15**	1	5	fünfzehn
10 + **6** = **16**	1	6	sechzehn
10 + **7** = **17**	1	7	siebzehn
10 + **8** = **18**	1	8	achtzehn
10 + **9** = **19**	1	9	neunzehn
10 + 10 = 20	2	0	zwanzig

23

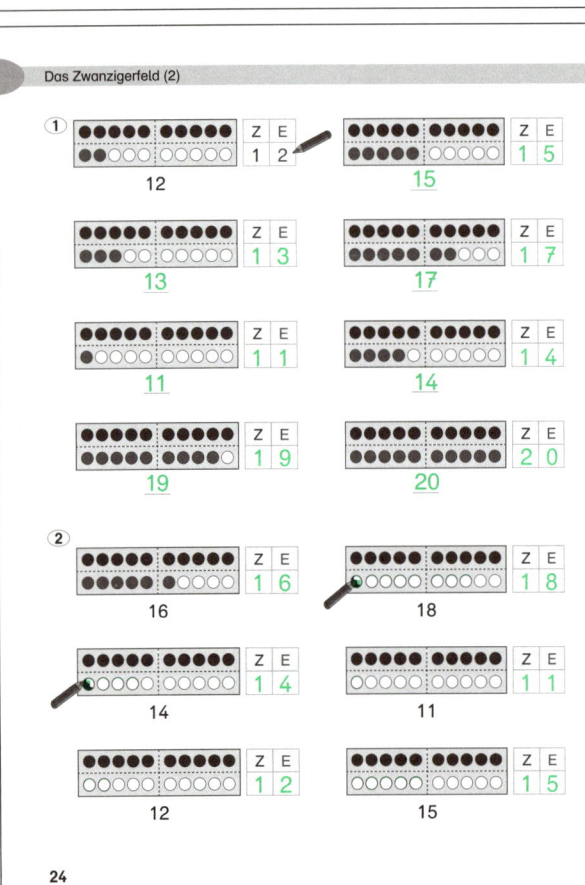

①

	Z	E
12	1	2
15	1	5
13	1	3
17	1	7
11	1	1
14	1	4
19	1	9
20	2	0

②

	Z	E
16	1	6
18	1	8
14	1	4
11	1	1
12	1	2
15	1	5

24

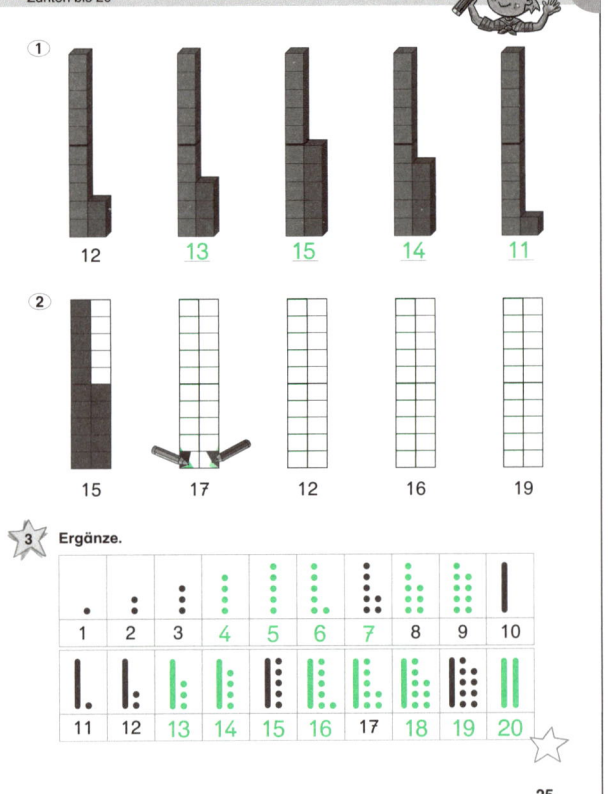

①

12   **13**   **15**   **14**   **11**

②

15   17   12   16   19

⭐ **Ergänze.**

.	:	: :	: :	: :	: :	: :	: :	: :		
1	2	3	**4**	**5**	**6**	**7**	8	9	10

11	12	**13**	**14**	**15**	**16**	**17**	**18**	**19**	**20**

25

1 Ergänze die Zahlen.

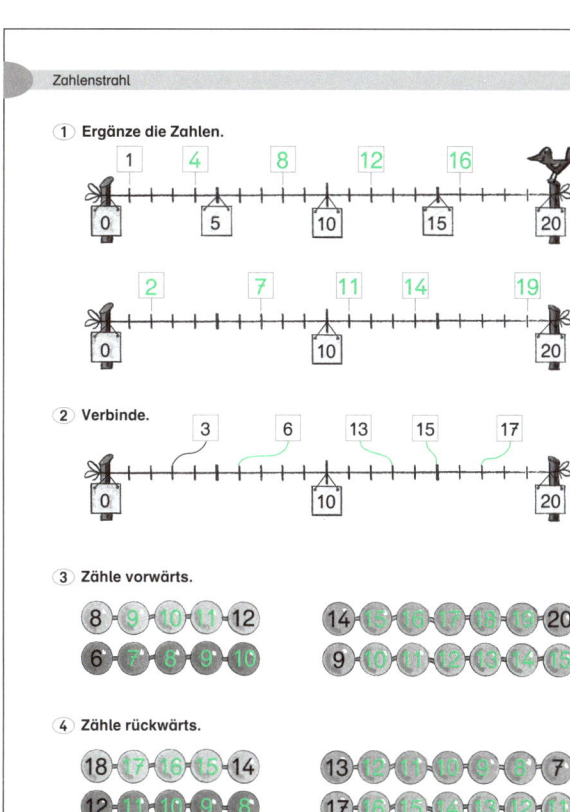

1 4 8 12 16

0 5 10 15 20

2 7 11 14 19

0 10 20

2 Verbinde.

3 6 13 15 17

0 10 20

3 Zähle vorwärts.

8 – 9 – 10 – 11 – 12   14 – 15 – 16 – 17 – 18 – 19 – 20

6 – 7 – 8 – 9 – 10   9 – 10 – 11 – 12 – 13 – 14 – 15

4 Zähle rückwärts.

18 – 17 – 16 – 15 – 14   13 – 12 – 11 – 10 – 9 – 8 – 7

12 – 11 – 10 – 9 – 8   17 – 16 – 15 – 14 – 13 – 12 – 11

26

13 ist der Vorgänger von 14.

15 ist der Nachfolger von 14.

Vorgänger	Zahl	Nachfolger
13	14	15

1 Trage den Nachfolger ein.

18 19   12 13   17 18   16 17

13 14   15 16   11 12   14 15

2 Trage den Vorgänger ein.

12 13   15 16   13 14   11 12

16 17   14 15   18 19   10 11

3 Trage die Nachbarzahlen ein.

a)
Vorgänger	Zahl	Nachfolger
13	14	15
16	17	18
11	12	13
18	19	20

b)
Vorgänger	Zahl	Nachfolger
15	16	17
9	10	11
17	18	19
10	11	12

27

---

1 Vergleiche: <, =, >

16 > 14   17 < 18   13 < 15

18 > 17   16 = 16   20 > 19

2 Ergänze und vergleiche: <, =, >

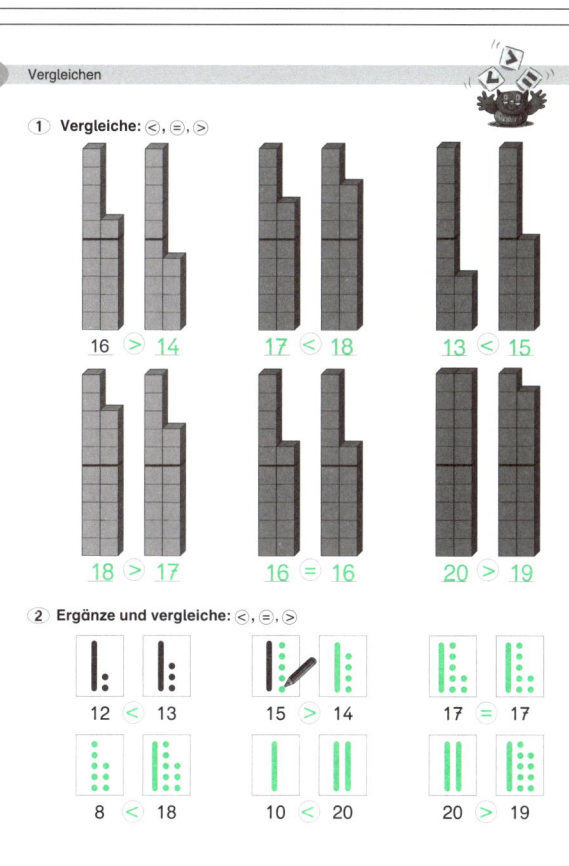

12 < 13   15 > 14   17 = 17

8 < 18   10 < 20   20 > 19

28

---

1 Ordne die Zahlen. Beginne mit der kleinsten Zahl.

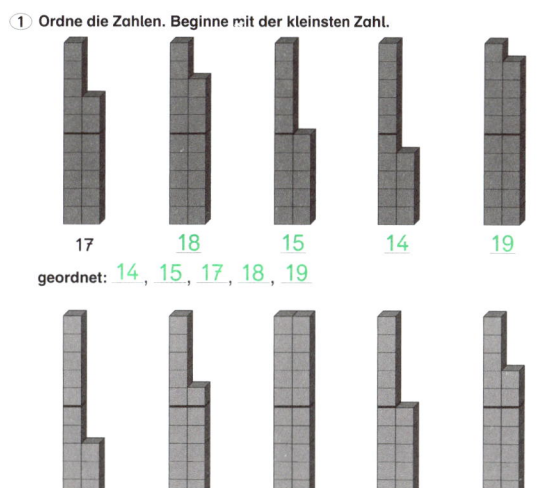

17 18 15 14 19

geordnet: 14 , 15 , 17 , 18 , 19

13 16 20 15 17

geordnet: 13 , 15 , 16 , 17 , 20

2 Ordne die Zahlen. Beginne mit der größten Zahl.

16 12 14 20 17

geordnet: 20 , 17 , 16 , 14 , 12

29

① **Rechne.**

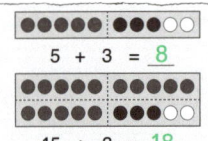
5 + 3 = 8
15 + 3 = 18

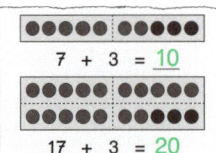
7 + 3 = 10
17 + 3 = 20

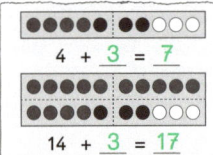
4 + 3 = 7
14 + 3 = 17

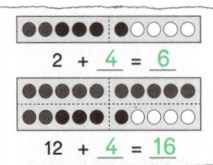
2 + 4 = 6
12 + 4 = 16

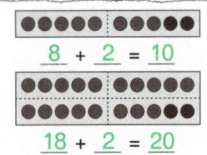
8 + 2 = 10
18 + 2 = 20

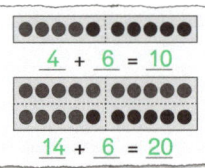
4 + 6 = 10
14 + 6 = 20

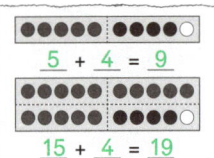
5 + 4 = 9
15 + 4 = 19

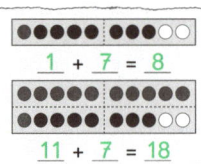
1 + 7 = 8
11 + 7 = 18

30

② **Male und rechne.**

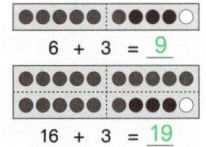
6 + 3 = 9
16 + 3 = 19

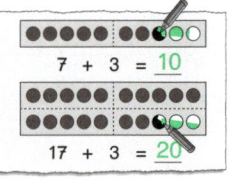
7 + 3 = 10
17 + 3 = 20

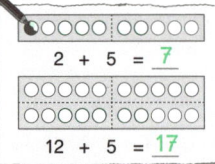
2 + 5 = 7
12 + 5 = 17

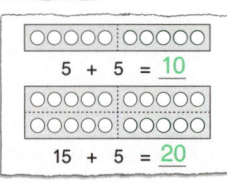
5 + 5 = 10
15 + 5 = 20

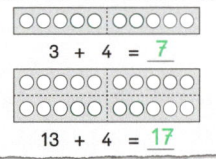
3 + 4 = 7
13 + 4 = 17

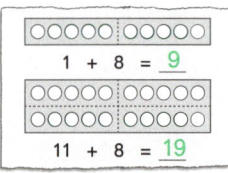
1 + 8 = 9
11 + 8 = 19

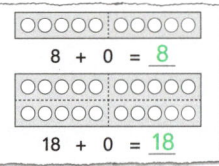
8 + 0 = 8
18 + 0 = 18

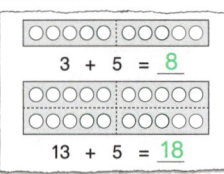
3 + 5 = 8
13 + 5 = 18

31

---

① **Rechne.**

| 5 + 2 = 7 | 4 + 4 = 8 | 1 + 5 = 6 |
| 15 + 2 = 17 | 14 + 4 = 18 | 11 + 5 = 16 |

| 6 + 4 = 10 | 7 + 2 = 9 | 5 + 4 = 9 |
| 16 + 4 = 20 | 17 + 2 = 19 | 15 + 4 = 19 |

| 2 + 4 = 6 | 3 + 5 = 8 | 3 + 6 = 9 |
| 12 + 4 = 16 | 13 + 5 = 18 | 13 + 6 = 19 |

② **Rechne und färbe.**

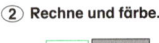
= 18   12 + 6

= 20   15 + 5
= 19   11 + 8
= 18   14 + 4

14 + 5   18   19   20   10 + 10
= 19   = 20

11 + 7   14 + 6   13 + 7   16 + 3
= 18   = 20   = 20   = 19

③ **Denke an die kleine Aufgabe.**

10 + 3 = 13	13 + 2 = 15	13 + 7 = 20
11 + 3 = 14	13 + 3 = 16	14 + 6 = 20
12 + 3 = 15	13 + 4 = 17	15 + 5 = 20
13 + 3 = 16	13 + 5 = 18	16 + 4 = 20
14 + 3 = 17	13 + 6 = 19	17 + 3 = 20

32

Anne

Jonas

Tim

Paula

① **Wer sieht was? Verbinde.**

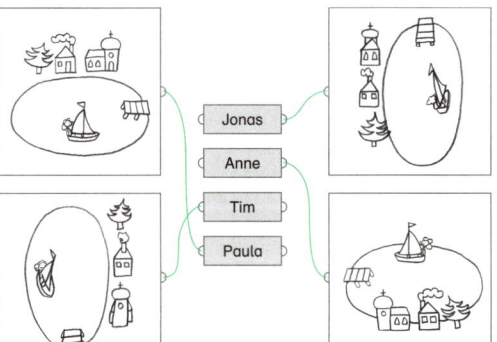

Jonas
Anne
Tim
Paula

33

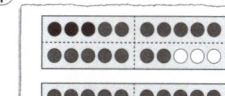

(1)

 2 + 14 = 16 oder 14 + 2 = 16

3 + 14 = __17__

14 + 3 = __17__

2 + __16__ = 18

__16__ + __2__ = 18

__5__ + 14 = __19__

14 + __5__ = __19__

__4__ + __16__ = 20

16 + __4__ = 20

---

(2) Male und rechne. Löse zuerst die Tauschaufgabe.

2 + 13 = __15__

13 + 2 = __15__

3 + 15 = __18__

15 + 3 = __18__

4 + 11 = __15__

11 + 4 = __15__

(3) Löse zuerst die Tauschaufgabe.

Die Tauschaufgabe ist leichter.

2 + 14 = __16__	6 + 13 = __19__	5 + 12 = __17__
14 + 2 = __16__	13 + 6 = __19__	12 + 5 = __17__

1 + 18 = __19__	5 + 15 = __20__	3 + 16 = __19__
18 + 1 = __19__	15 + 5 = __20__	16 + 3 = __19__

---

(1) Rechne.

7 − 4 = __3__

17 − 4 = __13__

8 − 4 = __4__

18 − 4 = __14__

10 − __4__ = __6__

20 − __4__ = __16__

6 − __3__ = __3__

16 − __3__ = __13__

__9__ − __3__ = __6__

__19__ − __3__ = __16__

__9__ − __4__ = __5__

__19__ − __4__ = __15__

__8__ − __5__ = __3__

__18__ − __5__ = __13__

__10__ − __6__ = __4__

__20__ − __6__ = __14__

---

(2) Male und rechne.

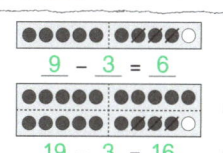

7 − 5 = __2__

17 − 5 = __12__

8 − 4 = __4__

18 − 4 = __14__

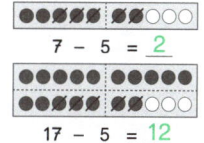 9 − 6 = __3__

19 − 6 = __13__

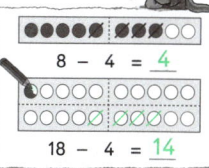 10 − 5 = __5__

20 − 5 = __15__

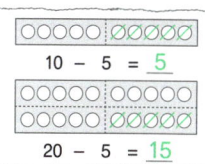 6 − 4 = __2__

16 − 4 = __12__

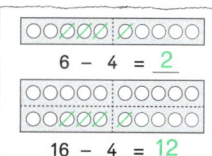 8 − 7 = __1__

18 − 7 = __11__

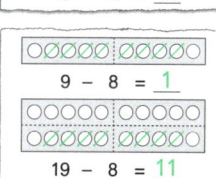 9 − 8 = __1__

19 − 8 = __11__

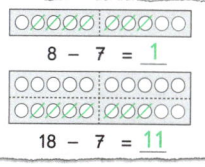 10 − 6 = __4__

20 − 6 = __14__

① Rechne.

8 − 2 = 6	7 − 3 = 4	10 − 5 = 5
18 − 2 = 16	17 − 3 = 14	20 − 5 = 15

6 − 3 = 3	5 − 4 = 1	4 − 4 = 0
16 − 3 = 13	15 − 4 = 11	14 − 4 = 10

6 − 5 = 1	9 − 4 = 5	8 − 3 = 5
16 − 5 = 11	19 − 4 = 15	18 − 3 = 15

② Rechne und färbe.

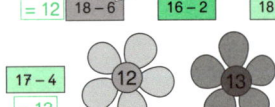
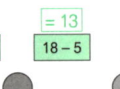

= 12 18 − 6   = 14   16 − 2   = 13   18 − 5   = 12   17 − 5

17 − 4 / = 13   (12)   (13)   (14)   15 − 3 / = 12

16 − 4 / = 12   20 − 6 / = 14   15 − 2 / = 13   18 − 4 / = 14

③ Denke an die kleine Aufgabe.

20 − 2 = 18	19 − 3 = 16	16 − 2 = 14
20 − 3 = 17	18 − 3 = 15	17 − 3 = 14
20 − 4 = 16	17 − 3 = 14	18 − 4 = 14
20 − 5 = 15	16 − 3 = 13	19 − 5 = 14
20 − 6 = 14	15 − 3 = 12	20 − 6 = 14

① Rechne.

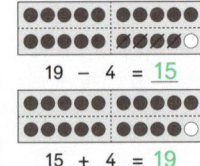

19 − 4 = 15   14 − 3 = 11

15 + 4 = 19   11 + 3 = 14

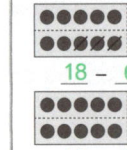

17 − 5 = 12   18 − 6 = 12

12 + 5 = 17   12 + 6 = 18

② Finde die Umkehraufgabe.

16 − 4 = 12	17 − 3 = 14	19 − 3 = 16
12 + 4 = 16	14 + 3 = 17	16 + 3 = 19

20 − 5 = 15	15 − 4 = 11	18 − 5 = 13
15 + 5 = 20	11 + 4 = 15	13 + 5 = 18

17 − 6 = 11	19 − 5 = 14	20 − 6 = 14
11 + 6 = 17	14 + 5 = 19	14 + 6 = 20

① Was ist länger? Kreuze an.

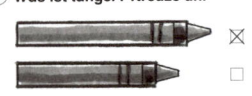 ☒

Der grüne Stift ist länger als der blaue Stift.

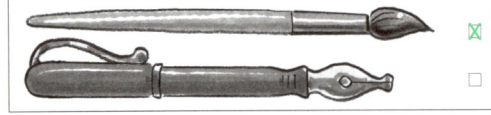 ☒ / ☐

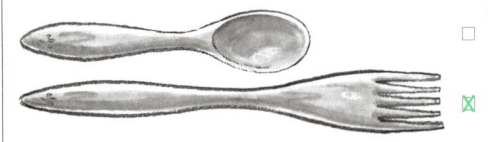 ☐ / ☒

 ☐ / ☒   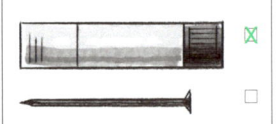 ☒ / ☐

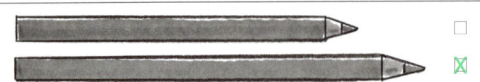 ☐ / ☒

② Ordne die Stifte der Länge nach. Beginne mit dem längsten Stift.

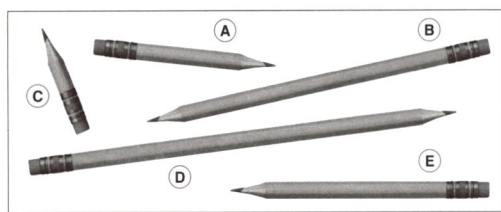

geordnet: D, B, E, A, C

③ Welches Tier ist länger? Kreuze an.

☐ Die Katze ist länger als der Hund.

☒ Der Esel ist länger als der Hase.

☒ Die Ziege ist kürzer als der Esel.

☒ Die Katze ist kürzer als das Schwein.

☐ Der Hund und der Hase sind gleich lang.

☒ Die Ziege und das Schwein sind gleich lang.

① **Ergänze zur 10.**

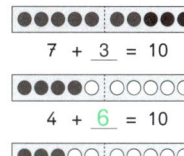

7 + 3 = 10   5 + 5 = 10

4 + 6 = 10   8 + 2 = 10

3 + 7 = 10   2 + 8 = 10

6 + 4 = 10   9 + 1 = 10

② **Male und rechne.**

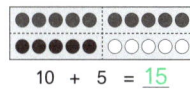

10 + 5 = 15   10 + 7 = 17

10 + 3 = 13   10 + 6 = 16

10 + 8 = 18   10 + 4 = 14

10 + 2 = 12   10 + 9 = 19

42

① **Rechne zurück bis zur 10.**

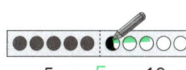

14 − 4 = 10   16 − 6 = 10

12 − 2 = 10   15 − 5 = 10

18 − 8 = 10   13 − 3 = 10

17 − 7 = 10   19 − 9 = 10

② **Streiche weg und rechne.**

10 − 3 = 7   10 − 4 = 6

10 − 5 = 5   10 − 2 = 8

10 − 9 = 1   10 − 6 = 4

10 − 7 = 3   10 − 8 = 2

43

Mit Cent rechnen

①

1 ct   2 ct   5 ct   10 ct   20 ct

② **Wie viel Cent sind es?**

17 ct   13 ct   20 ct

15 ct   15 ct   16 ct

14 ct   18 ct   13 ct

19 ct   15 ct   20 ct

44

③ **Immer 15 Cent**

z.B.

④ **Immer 17 Cent**

z.B.

⑤ **Immer 18 Cent**

z.B.

⑥ **Immer 20 Cent**

z.B.

45

① Rechne erst bis 10 und dann weiter.

 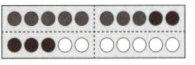 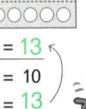

Erst bis 10
8 + 2 = 10

Dann noch +3
10 + 3 = 13

8 + 5 = 13
8 + 2 = 10
10 + 3 = 13

7 + 6 = 13
7 + 3 = 10
10 + 3 = 13

9 + 5 = 14
9 + 1 = 10
10 + 4 = 14

8 + 4 = 12
8 + 2 = 10
10 + 2 = 12

7 + 8 = 15
7 + 3 = 10
10 + 5 = 15

9 + 6 = 15
9 + 1 = 10
10 + 5 = 15

6 + 8 = 14
6 + 4 = 10
10 + 4 = 14

46

② Male und rechne.

9 + 3 = 12
9 + 1 = 10
10 + 2 = 12

6 + 7 = 13
6 + 4 = 10
10 + 3 = 13

8 + 6 = 14
8 + 2 = 10
10 + 4 = 14

5 + 6 = 11
5 + 5 = 10
10 + 1 = 11

7 + 4 = 11
7 + 3 = 10
10 + 1 = 11

9 + 5 = 14
9 + 1 = 10
10 + 4 = 14

4 + 9 = 13
4 + 6 = 10
10 + 3 = 13

5 + 8 = 13
5 + 5 = 10
10 + 3 = 13

47

---

① Male und rechne.

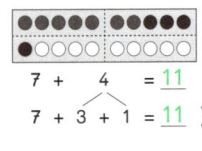  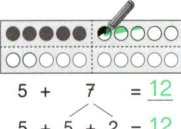

Erst bis zur 10 …

7 + 4 = 11
7 + 3 + 1 = 11

5 + 7 = 12
5 + 5 + 2 = 12

4 + 8 = 12
4 + 6 + 2 = 12

8 + 6 = 14
8 + 2 + 4 = 14

6 + 7 = 13
6 + 4 + 3 = 13

3 + 8 = 11
3 + 7 + 1 = 11

②

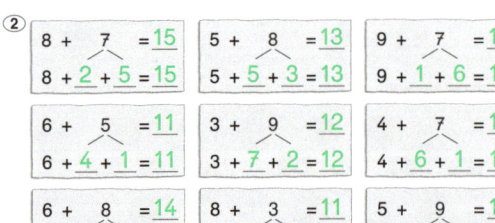

8 + 7 = 15	5 + 8 = 13	9 + 7 = 16
8 + 2 + 5 = 15	5 + 5 + 3 = 13	9 + 1 + 6 = 16
6 + 5 = 11	3 + 9 = 12	4 + 7 = 11
6 + 4 + 1 = 11	3 + 7 + 2 = 12	4 + 6 + 1 = 11
6 + 8 = 14	8 + 3 = 11	5 + 9 = 14
6 + 4 + 4 = 14	8 + 2 + 1 = 11	5 + 5 + 4 = 14

48

③ Welche Fische passen zusammen? Male aus.

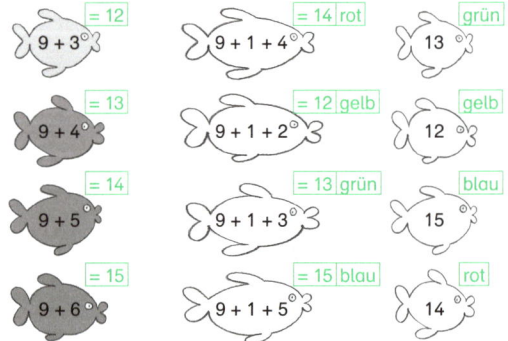

9 + 3 = 12
9 + 4 = 13
9 + 5 = 14
9 + 6 = 15

9 + 1 + 4 = 14 rot
9 + 1 + 2 = 12 gelb
9 + 1 + 3 = 13 grün
9 + 1 + 5 = 15 blau

13 grün
12 gelb
15 blau
14 rot

④ Welche Wagen passen zur Lok? Verbinde.

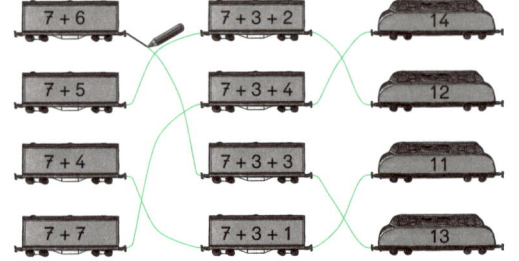

7 + 6	7 + 3 + 2	14
7 + 5	7 + 3 + 4	12
7 + 4	7 + 3 + 3	11
7 + 7	7 + 3 + 1	13

49

① Immer erst bis 10. Kreise ein und rechne.

10 ct + __7__ ct = __17__ ct   10 ct + __5__ ct = __15__ ct   10 ct + __8__ ct = __18__ ct

② Immer 1 mehr

6 + 4 = __10__   7 + 3 = __10__   8 + 2 = __10__
6 + 5 = __11__   7 + 4 = __11__   8 + 3 = __11__

3 + 3 = __6__   4 + 4 = __8__   5 + 5 = __10__
3 + 4 = __7__   4 + 5 = __9__   5 + 6 = __11__

6 + 6 = __12__   7 + 7 = __14__   8 + 8 = __16__
6 + 7 = __13__   7 + 8 = __15__   8 + 9 = __17__

③ Rechne geschickt. Kreise ein.

Erst 5 + 5 = 10,
dann 10 + 7 = 17

⑤ + 7 + ⑤ = __17__   ④ + ⑥ + 8 = __18__
⑨ + 4 + ① = __14__   ② + 5 + ⑧ = __15__
⑦ + ③ + 8 = __18__   ⑤ + 9 + ⑤ = __19__
⑥ + 5 + ④ = __15__   ③ + ⑦ + 6 = __16__
⑧ + ② + 6 = __16__   ① + 7 + ⑨ = __17__

④ Rechne zuerst die einfache Aufgabe.

9 + 4 = __13__   9 + 5 = __14__   9 + 3 = __12__
10 + 4 = __14__   10 + 5 = __15__   10 + 3 = __13__
11 + 4 = __15__   11 + 5 = __16__   11 + 3 = __14__

9 + 6 = __15__   9 + 8 = __17__   9 + 7 = __16__
10 + 6 = __16__   10 + 8 = __18__   10 + 7 = __17__
11 + 6 = __17__   11 + 8 = __19__   11 + 7 = __18__

⑤ Verdoppeln hilft.

5 + 6 = __11__   3 + 4 = __7__   4 + 5 = __9__
6 + 6 = __12__   4 + 4 = __8__   5 + 5 = __10__
7 + 6 = __13__   5 + 4 = __9__   6 + 5 = __11__

7 + 8 = __15__   8 + 9 = __17__   6 + 7 = __13__
8 + 8 = __16__   9 + 9 = __18__   7 + 7 = __14__
9 + 8 = __17__   10 + 9 = __19__   8 + 7 = __15__

⑥ Rechne und färbe.

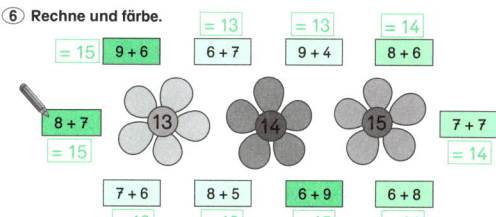

50

51

---

① Male aus.

Würfel ▨ ▨   Quader ▨ ▨   Kugel ● ●

② Verbinde.

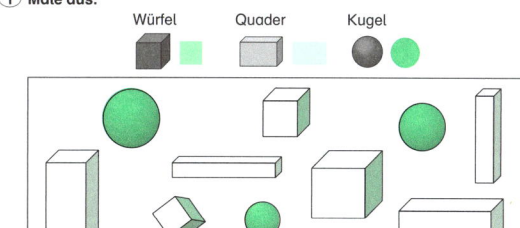

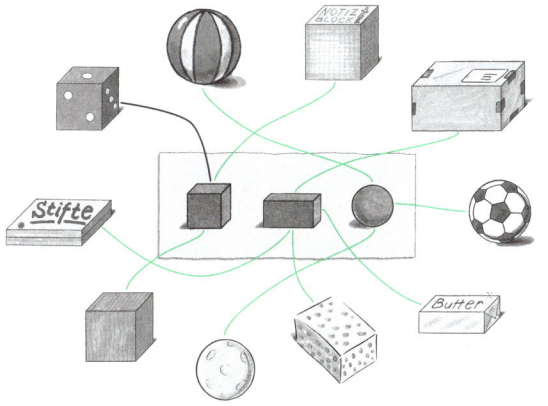

③ Male aus.

Würfel ▨ ▨   Quader ▨ ▨   Kugel ● ●

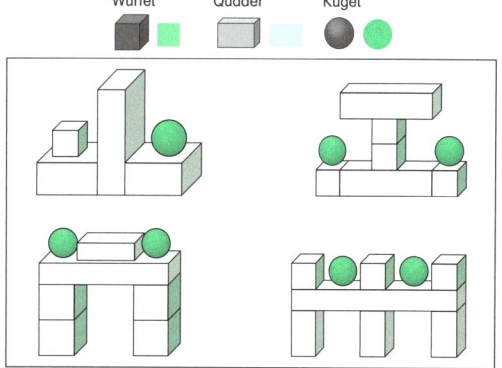

④ Zähle.

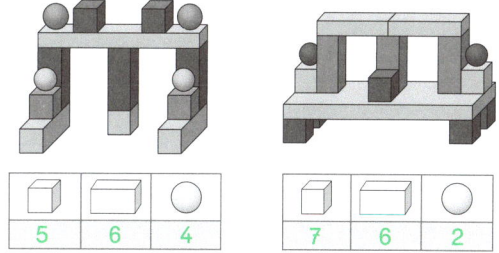

▢	▭	○
5	6	4

▢	▭	○
7	6	2

52

53

① Was siehst du …?

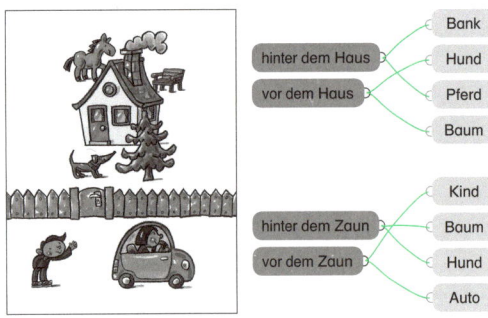

hinter dem Haus ⟶ Bank
vor dem Haus ⟶ Hund
Pferd
Baum

hinter dem Zaun ⟶ Kind
vor dem Zaun ⟶ Baum
Hund
Auto

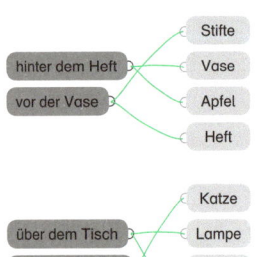

hinter dem Heft ⟶ Stifte
vor der Vase ⟶ Vase
Apfel
Heft

über dem Tisch ⟶ Katze
unter dem Tisch ⟶ Lampe
Ball
Uhr

Jan Dirk   Ina Rosa   Sabine Anna

① Die Lehrerin Frau Schulz sieht:

Links neben Ina sitzt _Dirk_.
Links neben Dirk sitzt _Jan_.
Rechts neben Ina sitzt _Rosa_.
Rechts neben Sabine sitzt _Anna_.
Zwischen Jan und Ina sitzt _Dirk_.
Zwischen Ina und Sabine sitzt _Rosa_.
Zwischen Rosa und Anna sitzt _Sabine_.

② Ergänze: rechts, links, zwischen.

Der gelbe Bus steht _rechts_ vom blauen Auto.
Das blaue Auto steht _links_ vom gelben Bus.
Das violette Auto steht _links_ vom grünen Auto.
Das orange Auto steht _rechts_ vom grünen Auto.
Der gelbe Bus steht _zwischen_ dem blauen Auto und dem roten Auto.
Das orange Auto steht _zwischen_ dem grünen Auto und dem blauen Auto.

① Rechne erst bis 10 und dann weiter.

Erst bis 10
14 − 4 = 10

Dann noch − 2
10 − 2 = 8

$14 − 6 = 8$
$14 − 4 = 10$
$10 − 2 = 8$

$15 − 6 = 9$
$15 − 5 = 10$
$10 − 1 = 9$

$11 − 4 = 7$
$11 − 1 = 10$
$10 − 3 = 7$

$13 − 5 = 8$
$13 − 3 = 10$
$10 − 2 = 8$

$12 − 6 = 6$
$12 − 2 = 10$
$10 − 4 = 6$

$15 − 7 = 8$
$15 − 5 = 10$
$10 − 2 = 8$

$16 − 8 = 8$
$16 − 6 = 10$
$10 − 2 = 8$

② Streiche und rechne.

$12 − 6 = 6$
$12 − 2 = 10$
$10 − 4 = 6$

$14 − 5 = 9$
$14 − 4 = 10$
$10 − 1 = 9$

$13 − 6 = 7$
$13 − 3 = 10$
$10 − 3 = 7$

$11 − 5 = 6$
$11 − 1 = 10$
$10 − 4 = 6$

$15 − 7 = 8$
$15 − 5 = 10$
$10 − 2 = 8$

$13 − 8 = 5$
$13 − 3 = 10$
$10 − 5 = 5$

$13 − 5 = 8$
$13 − 3 = 10$
$10 − 2 = 8$

$16 − 7 = 9$
$16 − 6 = 10$
$10 − 1 = 9$

① Streiche weg und rechne.

17 − 8 = 9
17 − 7 − 1 = 9

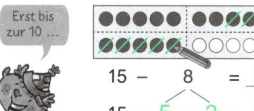
Erst bis zur 10 …

15 − 8 = 7
15 − 5 − 3 = 7

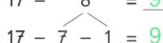

12 − 7 = 5
12 − 2 − 5 = 5

14 − 8 = 6
14 − 4 − 4 = 6

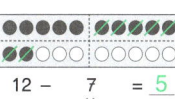

13 − 8 = 5
13 − 3 − 5 = 5

11 − 5 = 6
11 − 1 − 4 = 6

②

12 − 8 = 4
12 − 2 − 6 = 4

14 − 6 = 8
14 − 4 − 2 = 8

13 − 6 = 7
13 − 3 − 3 = 7

11 − 6 = 5
11 − 1 − 5 = 5

13 − 9 = 4
13 − 3 − 6 = 4

16 − 8 = 8
16 − 6 − 2 = 8

15 − 7 = 8
15 − 5 − 2 = 8

14 − 5 = 9
14 − 4 − 1 = 9

12 − 9 = 3
12 − 2 − 7 = 3

③ Welche Autos passen zusammen? Male aus.

14 − 5 → = 9
14 − 4 − 2 → = 8 grün
7 → rot

14 − 6 → = 8
14 − 4 − 3 → = 7 rot
8 → grün

14 − 7 → = 7
14 − 4 − 1 → = 9 gelb
6 → blau

14 − 8 → = 6
14 − 4 − 4 → = 6 blau
9 → gelb

④ Welche Wagen passen zur Lok? Verbinde.

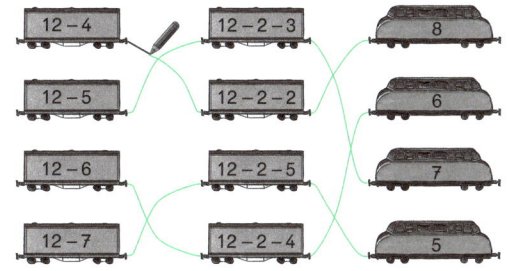

12 − 4 | 12 − 2 − 3 | 8
12 − 5 | 12 − 2 − 2 | 6
12 − 6 | 12 − 2 − 5 | 7
12 − 7 | 12 − 2 − 4 | 5

① Immer 1 weniger

13 − 3 = 10
13 − 4 = 9

11 − 1 = 10
11 − 2 = 9

12 − 2 = 10
12 − 3 = 9

14 − 4 = 10
14 − 5 = 9

16 − 6 = 10
16 − 7 = 9

15 − 5 = 10
15 − 6 = 9

18 − 8 = 10
18 − 9 = 9

17 − 7 = 10
17 − 8 = 9

② Rechne.

8 − 4 = 4
8 − 3 = 5

10 − 5 = 5
10 − 4 = 6

14 − 7 = 7
14 − 6 = 8

12 − 6 = 6
12 − 5 = 7

16 − 8 = 8
16 − 7 = 9

18 − 9 = 9
18 − 8 = 10

③ Rechne geschickt. Kreise ein.

Erst 12 − 2 = 10, dann 10 − 3 = 7

⑫ − 3 − ② = 7
⑪ − 3 − ① = 7
⑮ − 5 − 6 = 4
⑯ − 7 − 6 = 3
⑭ − 4 − 5 = 5
⑬ − 6 − 3 = 4

⑬ − 5 − 3 = 5
⑭ − 4 − 6 = 4
⑰ − 8 − 7 = 2
⑫ − 7 − 2 = 3
⑪ − 1 − 5 = 5
⑰ − 9 − 7 = 1

④ Rechne aus und setze fort.

a)
12 − 3 = 9
12 − 4 = 8
12 − 5 = 7
12 − 6 = 6

14 − 5 = 9
14 − 6 = 8
14 − 7 = 7
14 − 8 = 6

13 − 4 = 9
13 − 5 = 8
13 − 6 = 7
13 − 7 = 6

b)
15 − 6 = 9
15 − 7 = 8
15 − 8 = 7
15 − 9 = 6

17 − 5 = 12
17 − 6 = 11
17 − 7 = 10
17 − 8 = 9

16 − 5 = 11
16 − 6 = 10
16 − 7 = 9
16 − 8 = 8

c)
12 − 4 = 8
13 − 5 = 8
14 − 6 = 8
15 − 7 = 8

11 − 4 = 7
12 − 5 = 7
13 − 6 = 7
14 − 7 = 7

14 − 5 = 9
15 − 6 = 9
16 − 7 = 9
17 − 8 = 9

⑤ Rechne und färbe.

 = 8
 = 8
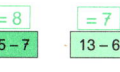 = 7

= 7 15 − 8 | 16 − 8 | 15 − 7 | 13 − 6

17 − 9
= 8

6   7   8

10 − 4
= 6

12 − 5 = 7
11 − 5 = 6
12 − 6 = 6
14 − 7 = 7

①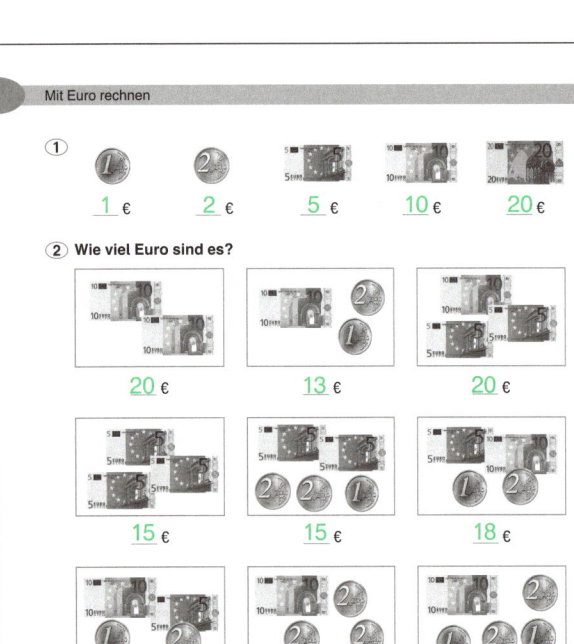

<u>1</u> €   <u>2</u> €   <u>5</u> €   <u>10</u> €   <u>20</u> €

② **Wie viel Euro sind es?**

<u>20</u> €   <u>13</u> €   <u>20</u> €

<u>15</u> €   <u>15</u> €   <u>18</u> €

<u>18</u> €   <u>16</u> €   <u>16</u> €

<u>20</u> €   <u>14</u> €   <u>15</u> €

③ **Immer 15 Euro**

z. B.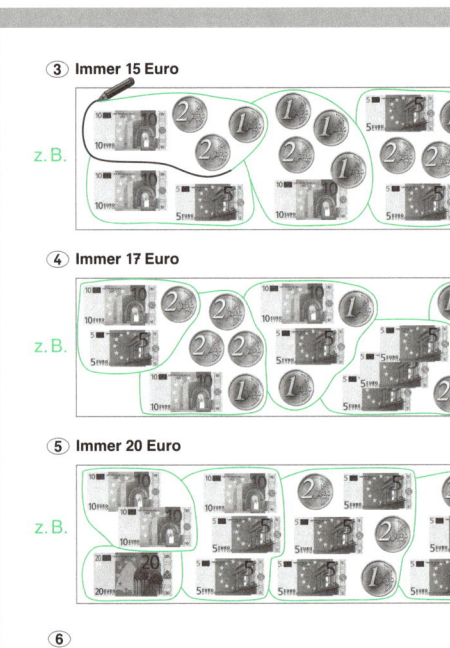

④ **Immer 17 Euro**

z. B.

⑤ **Immer 20 Euro**

z. B.

⑥

$8 € + 4 € = \underline{12} €$ $5 € + 6 € = \underline{11} €$ $12 € - 4 € = \underline{8} €$

$9 € + 3 € = \underline{12} €$ $7 € + 4 € = \underline{11} €$ $11 € - 5 € = \underline{6} €$

$6 € + 6 € = \underline{12} €$ $8 € + 5 € = \underline{13} €$ $16 € - 7 € = \underline{9} €$

$7 € + 5 € = \underline{12} €$ $9 € + 4 € = \underline{13} €$ $14 € - 6 € = \underline{8} €$

① **Verbinde jedes Bild mit der passenden Aufgabe.**

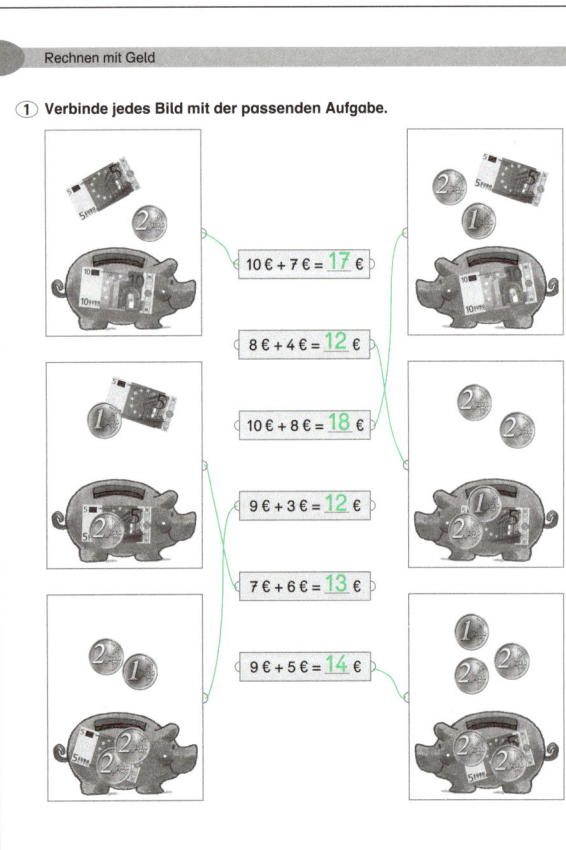

$10 € + 7 € = \underline{17} €$

$8 € + 4 € = \underline{12} €$

$10 € + 8 € = \underline{18} €$

$9 € + 3 € = \underline{12} €$

$7 € + 6 € = \underline{13} €$

$9 € + 5 € = \underline{14} €$

① **Wie spät ist es? Ergänze.**

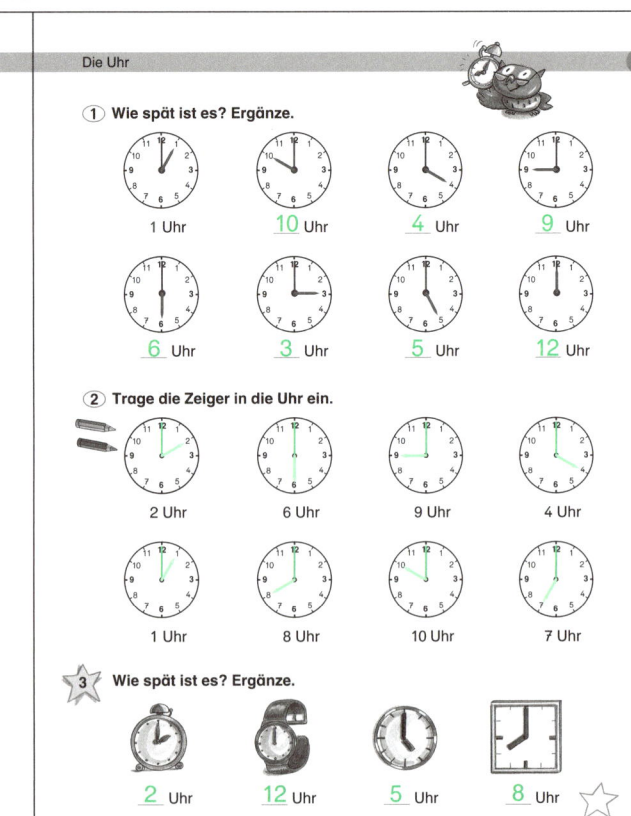

1 Uhr   <u>10</u> Uhr   <u>4</u> Uhr   <u>9</u> Uhr

<u>6</u> Uhr   <u>3</u> Uhr   <u>5</u> Uhr   <u>12</u> Uhr

② **Trage die Zeiger in die Uhr ein.**

2 Uhr   6 Uhr   9 Uhr   4 Uhr

1 Uhr   8 Uhr   10 Uhr   7 Uhr

③ **Wie spät ist es? Ergänze.**

<u>2</u> Uhr   <u>12</u> Uhr   <u>5</u> Uhr   <u>8</u> Uhr

① **Suche die 5 Fehler im unteren Bild. Kreise sie ein.**

---

① **Welche Figuren sind symmetrisch? Kreuze an.**

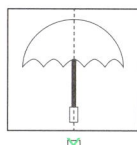 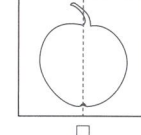 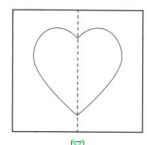

☒   ☐   ☒

 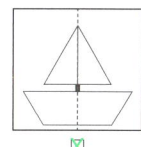 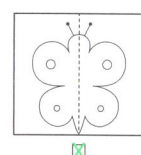

☐   ☒   ☒

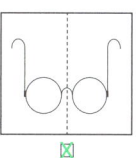 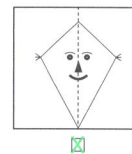 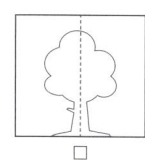

☒   ☒   ☐

② **Ergänze zu symmetrischen Figuren.**

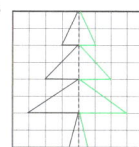 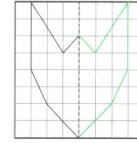 

---

① **Verdopple. Male.**

$8 + 8 = 16$

$10 + 10 = 20$

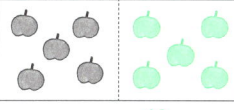

$5 + 5 = 10$

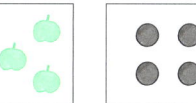  

$4 + 4 = 8$

z. B.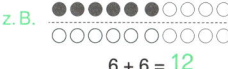

$6 + 6 = 12$

z. B.

$3 + 3 = 6$

z. B.

$7 + 7 = 14$

z. B.

$9 + 9 = 18$

② **Verdopple.**

$1 + 1 = 2$	$4 + 4 = 8$	$7 + 7 = 14$
$2 + 2 = 4$	$5 + 5 = 10$	$8 + 8 = 16$
$3 + 3 = 6$	$6 + 6 = 12$	$9 + 9 = 18$

---

① **Halbiere. Male.**

$12 = 6 + 6$

$14 = 7 + 7$

z. B.

$6 = 3 + 3$

$8 = 4 + 4$

z. B.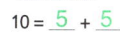

$10 = 5 + 5$

z. B.

$16 = 8 + 8$

z. B.

$20 = 10 + 10$

z. B.

$18 = 9 + 9$

② **Halbiere.**

$2 = 1 + 1$	$8 = 4 + 4$	$14 = 7 + 7$
$4 = 2 + 2$	$10 = 5 + 5$	$16 = 8 + 8$
$6 = 3 + 3$	$12 = 6 + 6$	$18 = 9 + 9$

① Rechne aus und setze fort.

8 + 3 = 11	7 + 4 = 11	9 + 2 = 11
8 + 4 = 12	7 + 5 = 12	8 + 3 = 11
8 + 5 = 13	7 + 6 = 13	7 + 4 = 11
8 + 6 = 14	7 + 7 = 14	6 + 5 = 11

6 + 3 = 9	6 + 5 = 11	4 + 4 = 8
7 + 4 = 11	7 + 5 = 12	5 + 5 = 10
8 + 5 = 13	8 + 5 = 13	6 + 6 = 12
9 + 6 = 15	9 + 5 = 14	7 + 7 = 14

② 10 + 4 = 14

14	17	15	18	17
10 · 4	12 · 5	4 · 11	8 · 10	13 · 4

17	18	19
10 · 7	8 · 10	10 · 9
5 · 5 · 2	5 · 3 · 7	4 · 6 · 3

20	20	20
13 · 7	16 · 4	15 · 5
10 · 3 · 4	12 · 4 · 0	13 · 3 · 3

70

③ Rechne aus und setze fort.

14 − 5 = 9	13 − 3 = 10	12 − 4 = 8
13 − 5 = 8	13 − 4 = 9	13 − 5 = 8
12 − 5 = 7	13 − 5 = 8	14 − 6 = 8
11 − 5 = 6	13 − 6 = 7	15 − 7 = 8

20 − 3 = 17	12 − 6 = 6	11 − 6 = 5
20 − 4 = 16	14 − 7 = 7	12 − 6 = 6
20 − 5 = 15	16 − 8 = 8	13 − 6 = 7
20 − 6 = 14	18 − 9 = 9	14 − 6 = 8

④ 2 + 8 = 10 oder
10 − 2 = 8

10	11	12	13	14
2 · 8	5 · 6	9 · 3	6 · 7	7 · 7

19	20	18
11 · 8	12 · 8	12 · 6
5 · 6 · 2	8 · 4 · 4	9 · 3 · 3

18	17	19
13 · 5	11 · 6	14 · 5
10 · 3 · 2	9 · 2 · 4	12 · 2 · 3

71

In jeder Reihe steckt ein Bild, das nicht dazu passt. Kreise ein.

①

②

③

④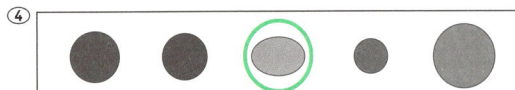

⑤

⑥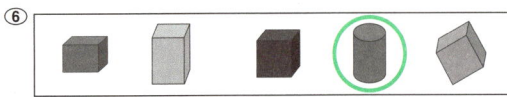

Das Geheimnis des Sternenhimmels

Auflösung Sternenbild: Bärenhüter

72

①

$6 + 6 =$ ___	$8 + 6 =$ ___	$9 + 8 =$ ___
$7 + 7 =$ ___	$6 + 5 =$ ___	$7 + 6 =$ ___
$8 + 8 =$ ___	$8 + 3 =$ ___	$8 + 4 =$ ___
$9 + 9 =$ ___	$9 + 4 =$ ___	$9 + 3 =$ ___

②

$4 + 8 =$ ___	$5 + 9 =$ ___	$2 + 9 =$ ___
$8 + 9 =$ ___	$4 + 7 =$ ___	$5 + 8 =$ ___
$5 + 7 =$ ___	$7 + 8 =$ ___	$7 + 9 =$ ___
$6 + 9 =$ ___	$5 + 6 =$ ___	$6 + 7 =$ ___

①

$12 - 6 =$ ___	$14 - 7 =$ ___	$12 - 4 =$ ___
$11 - 3 =$ ___	$12 - 3 =$ ___	$16 - 8 =$ ___
$13 - 4 =$ ___	$18 - 9 =$ ___	$13 - 6 =$ ___
$11 - 5 =$ ___	$14 - 6 =$ ___	$17 - 8 =$ ___

②

$11 - 2 =$ ___	$12 - 8 =$ ___	$15 - 9 =$ ___
$16 - 9 =$ ___	$14 - 9 =$ ___	$13 - 5 =$ ___
$11 - 6 =$ ___	$15 - 8 =$ ___	$11 - 7 =$ ___
$12 - 5 =$ ___	$13 - 7 =$ ___	$17 - 9 =$ ___

Wir üben Plusaufgaben bis 20

①

6 + 6 = 12	8 + 6 = 14	9 + 8 = 17
7 + 7 = 14	6 + 5 = 11	7 + 6 = 13
8 + 8 = 16	8 + 3 = 11	8 + 4 = 12
9 + 9 = 18	9 + 4 = 13	9 + 3 = 12

②

4 + 8 = 12	5 + 9 = 14	2 + 9 = 11
8 + 9 = 17	4 + 7 = 11	5 + 8 = 13
5 + 7 = 12	7 + 8 = 15	7 + 9 = 16
6 + 9 = 15	5 + 6 = 11	6 + 7 = 13

Wir üben Minusaufgaben bis 20

①

12 − 6 = 6	14 − 7 = 7	12 − 4 = 8
11 − 3 = 8	12 − 3 = 9	16 − 8 = 8
13 − 4 = 9	18 − 9 = 9	13 − 6 = 7
11 − 5 = 6	14 − 6 = 8	17 − 8 = 9

②

11 − 2 = 9	12 − 8 = 4	15 − 9 = 6
16 − 9 = 7	14 − 9 = 5	13 − 5 = 8
11 − 6 = 5	15 − 8 = 7	11 − 7 = 4
12 − 5 = 7	13 − 7 = 6	17 − 9 = 8

② **Male und rechne.**

7 − 5 = ___

17 − 5 = ___

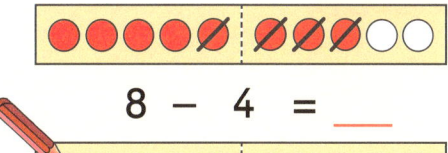

8 − 4 = ___

18 − 4 = ___

9 − 6 = ___

19 − 6 = ___

10 − 5 = ___

20 − 5 = ___

6 − 4 = ___

16 − 4 = ___

8 − 7 = ___

18 − 7 = ___

9 − 8 = ___

19 − 8 = ___

10 − 6 = ___

20 − 6 = ___

1 Rechne.

8 − 2 = ___	7 − 3 = ___	10 − 5 = ___
18 − 2 = ___	17 − 3 = ___	20 − 5 = ___

6 − 3 = ___	5 − 4 = ___	4 − 4 = ___
16 − 3 = ___	15 − 4 = ___	14 − 4 = ___

6 − 5 = ___	9 − 4 = ___	8 − 3 = ___
16 − 5 = ___	19 − 4 = ___	18 − 3 = ___

2 Rechne und färbe.

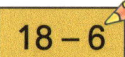 18 − 6   16 − 2   18 − 5   17 − 5

17 − 4    12   13   14   15 − 3

16 − 4   20 − 6   15 − 2   18 − 4

3 Denke an die kleine Aufgabe.

20 − 2 = ___	19 − 3 = ___	16 − 2 = ___
20 − 3 = ___	18 − 3 = ___	17 − 3 = ___
20 − 4 = ___	17 − 3 = ___	18 − 4 = ___
20 − 5 = ___	16 − 3 = ___	19 − 5 = ___
20 − 6 = ___	15 − 3 = ___	20 − 6 = ___

1 **Rechne.**

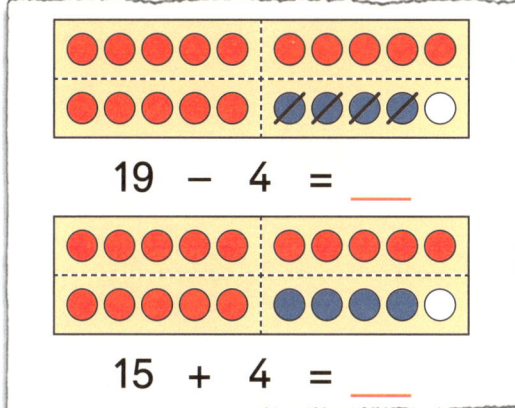

19 − 4 = ___

15 + 4 = ___

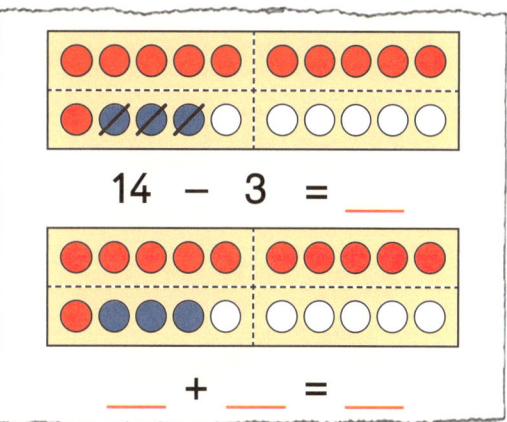

14 − 3 = ___

___ + ___ = ___

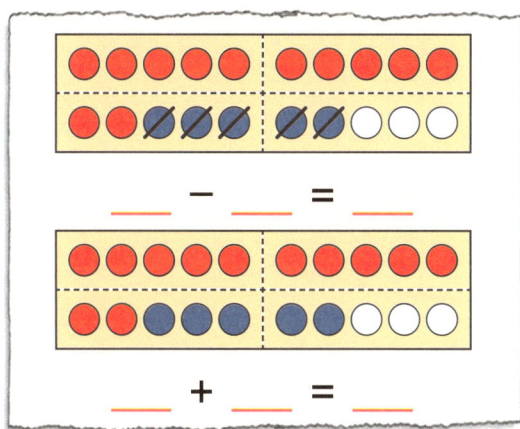

___ − ___ = ___

___ + ___ = ___

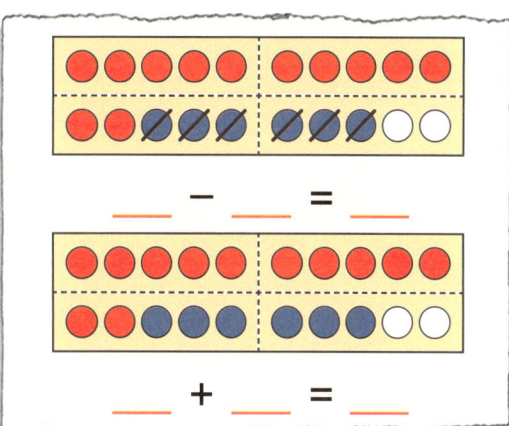

___ − ___ = ___

___ + ___ = ___

2 **Finde die Umkehraufgabe.**

16 − 4 = ___
___ + 4 = ___

17 − 3 = ___
___ + 3 = ___

19 − 3 = ___
___ + 3 = ___

20 − 5 = ___
___ + 5 = ___

15 − 4 = ___
___ + 4 = ___

18 − 5 = ___
___ + 5 = ___

17 − 6 = ___
___ + ___ = ___

19 − 5 = ___
___ + ___ = ___

20 − 6 = ___
___ + ___ = ___

1 Was ist länger? Kreuze an.

Der grüne Stift ist länger als der blaue Stift.

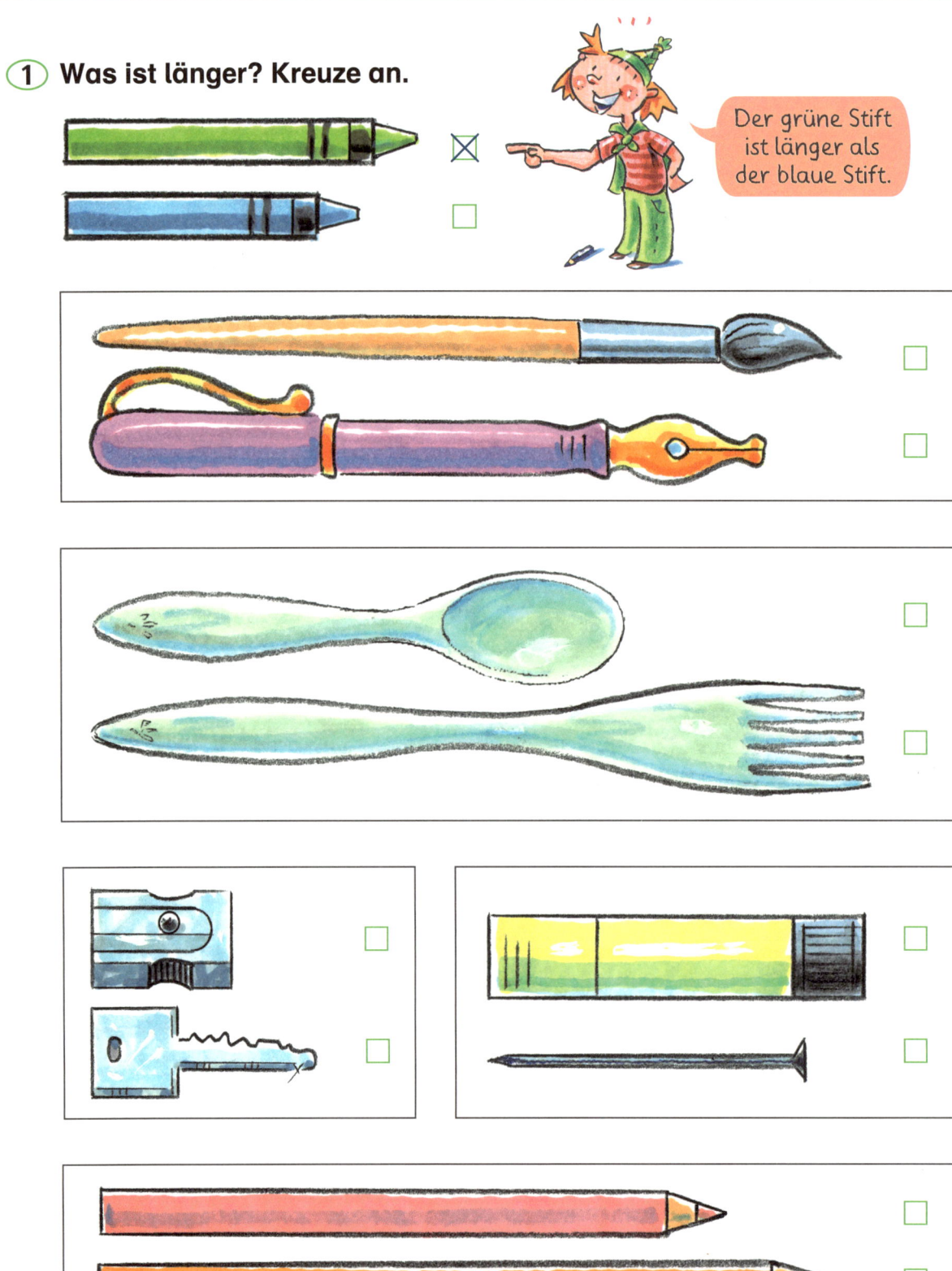

2 **Ordne die Stifte der Länge nach. Beginne mit dem längsten Stift.**

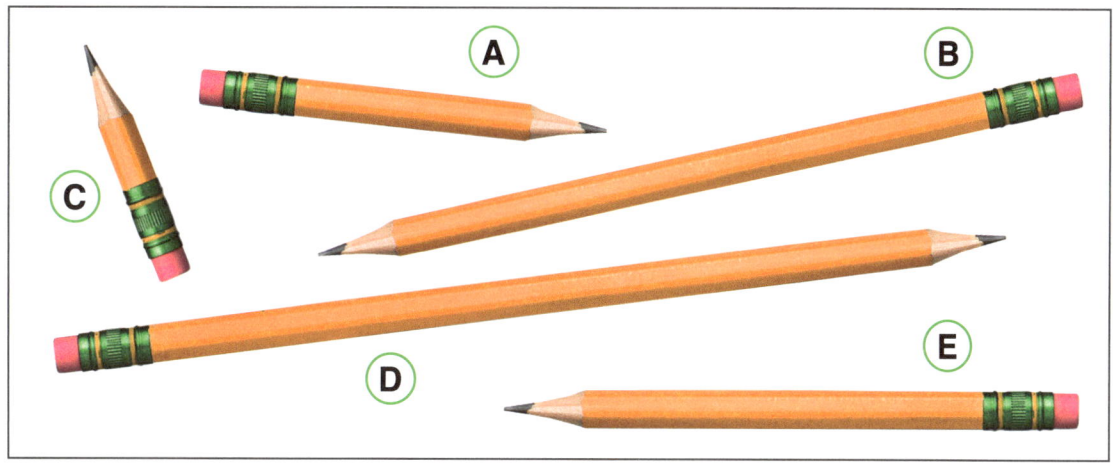

geordnet: ____, ____, ____, ____, ____

3 **Welches Tier ist länger? Kreuze an.**

☐ Die Katze ist länger als der Hund.

☐ Der Esel ist länger als der Hase.

☐ Die Ziege ist kürzer als der Esel.

☐ Die Katze ist kürzer als das Schwein.

☐ Der Hund und der Hase sind gleich lang.

☐ Die Ziege und das Schwein sind gleich lang.

1 **Ergänze zur 10.**

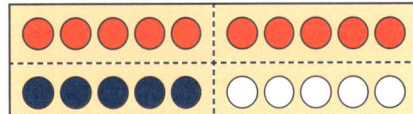

7 + __3__ = 10

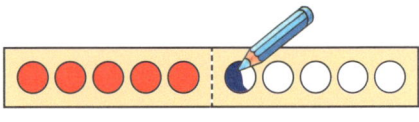

5 + ___ = 10

4 + ___ = 10

8 + ___ = 10

3 + ___ = 10

2 + ___ = 10

6 + ___ = 10

9 + ___ = 10

2 **Male und rechne.**

10 + 5 = ___

10 + 7 = ___

10 + 3 = ___

10 + 6 = ___

10 + 8 = ___

10 + 4 = ___

10 + 2 = ___

10 + 9 = ___

1 **Rechne zurück bis zur 10.**

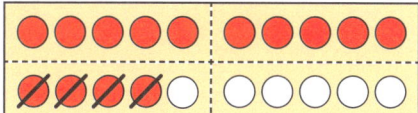

14 − _4_ = ___

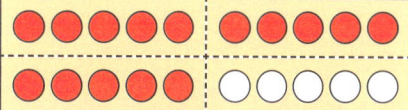

16 − ___ = 10

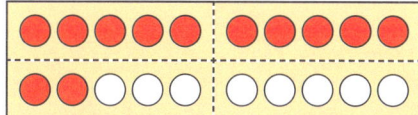

12 − ___ = 10

15 − ___ = 10

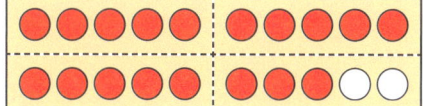

18 − ___ = 10

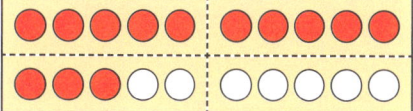

13 − ___ = 10

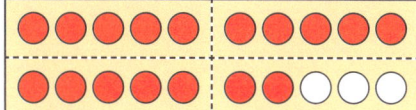

17 − ___ = 10

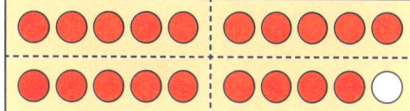

19 − ___ = 10

2 **Streiche weg und rechne.**

10 − 3 = ___

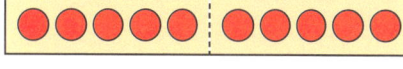

10 − 4 = ___

10 − 5 = ___

10 − 2 = ___

10 − 9 = ___

10 − 6 = ___

10 − 7 = ___

10 − 8 = ___

1

__1__ ct   __2__ ct   __5__ ct   __10__ ct   __20__ ct

2 Wie viel Cent sind es?

__17__ ct   __13__ ct   __20__ ct

__15__ ct   __15__ ct   __16__ ct

__14__ ct   __18__ ct   __13__ ct

__19__ ct   __15__ ct   __21__ ct

3 Immer 15 Cent

4 Immer 17 Cent

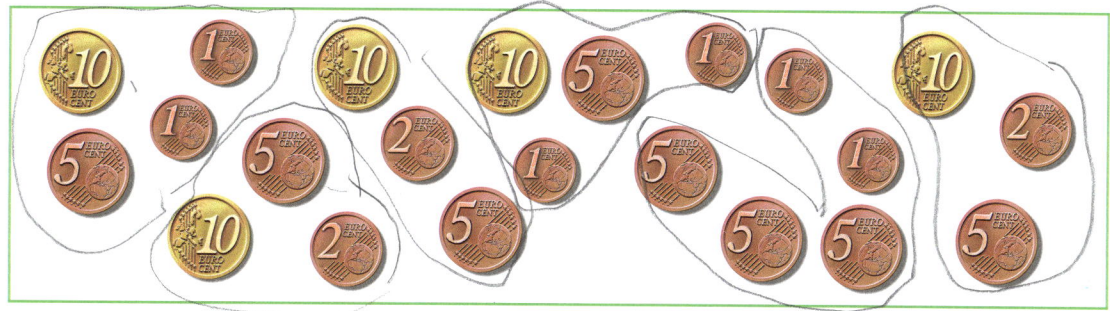

5 Immer 18 Cent

6 Immer 20 Cent

1 **Rechne erst bis 10 und dann weiter.**

Erst bis 10
8 + 2 = 10

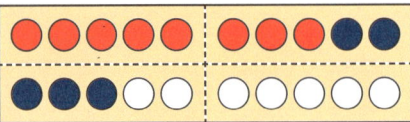

Dann noch +3
10 + 3 = 13

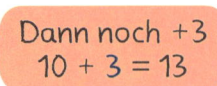

8 + 5 = _____

8 + 2 = 10

10 + 3 = ___

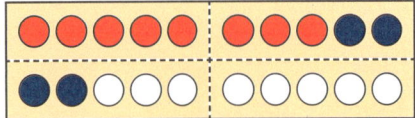

7 + 6 = _____

7 + ___ = 10

10 + ___ = ___

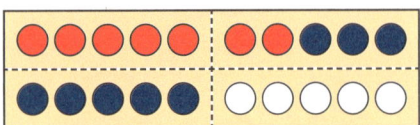

9 + 5 = _____

9 + ___ = 10

10 + ___ = ___

8 + 4 = _____

8 + ___ = 10

10 + ___ = ___

7 + 8 = _____

7 + ___ = 10

10 + ___ = ___

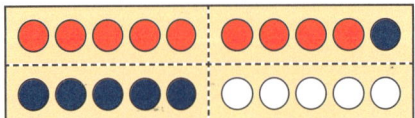

9 + 6 = _____

9 + ___ = 10

10 + ___ = ___

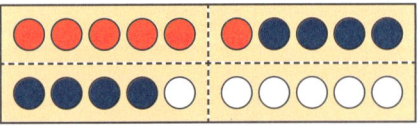

6 + 8 = _____

6 + ___ = 10

10 + ___ = ___

46

2 **Male und rechne.**

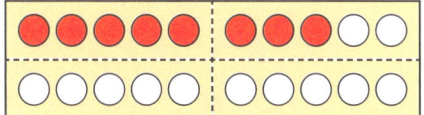

$$9 + 3 =$$
$$9 + \underline{} = 10$$
$$10 + \underline{} = \underline{}$$

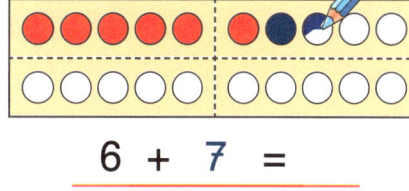

$$6 + 7 =$$
$$6 + \underline{} = 10$$
$$10 + \underline{} = \underline{}$$

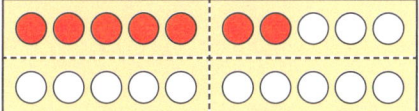

$$8 + 6 =$$
$$8 + \underline{} = 10$$
$$10 + \underline{} = \underline{}$$

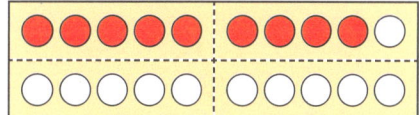

$$5 + 6 =$$
$$5 + \underline{} = 10$$
$$10 + \underline{} = \underline{}$$

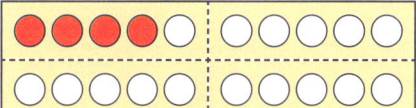

$$7 + 4 =$$
$$7 + \underline{} = \underline{}$$
$$\underline{} + \underline{} = \underline{}$$

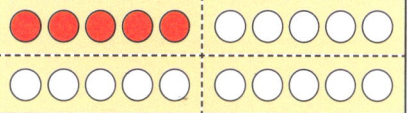

$$9 + 5 =$$
$$9 + \underline{} = \underline{}$$
$$\underline{} + \underline{} = \underline{}$$

$$4 + 9 =$$
$$4 + \underline{} = \underline{}$$
$$\underline{} + \underline{} = \underline{}$$

$$5 + 8 =$$
$$5 + \underline{} = \underline{}$$
$$\underline{} + \underline{} = \underline{}$$

1 **Male und rechne.**

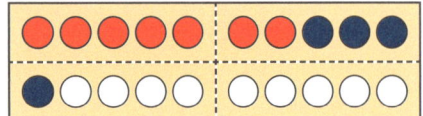

7 + 4 = ___

7 + 3 + 1 = ___

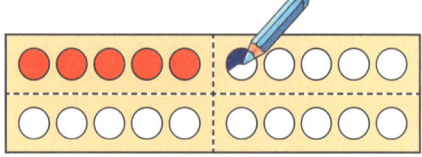

Erst bis zur 10 …

5 + 7 = ___

5 + 5 + 2 = ___

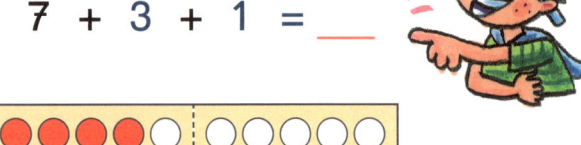

4 + 8 = ___

4 + ___ + ___ = ___

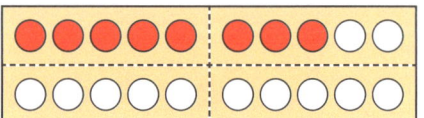

8 + 6 = ___

8 + ___ + ___ = ___

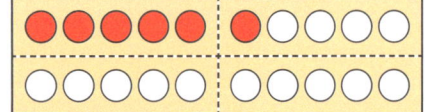

6 + 7 = ___

6 + ___ + ___ = ___

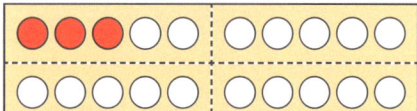

3 + 8 = ___

3 + ___ + ___ = ___

2

8 + 7 = ___

8 + ___ + ___ = ___

5 + 8 = ___

5 + ___ + ___ = ___

9 + 7 = ___

9 + ___ + ___ = ___

6 + 5 = ___

6 + ___ + ___ = ___

3 + 9 = ___

3 + ___ + ___ = ___

4 + 7 = ___

4 + ___ + ___ = ___

6 + 8 = ___

___ + ___ + ___ = ___

8 + 3 = ___

___ + ___ + ___ = ___

5 + 9 = ___

___ + ___ + ___ = ___

3 Welche Fische passen zusammen? Male aus.

4 Welche Wagen passen zur Lok? Verbinde.

49

1 **Immer erst bis 10. Kreise ein und rechne.**

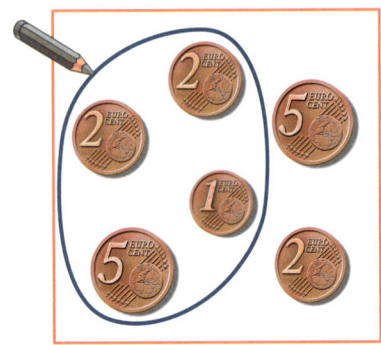  

10 ct + ___ ct = ___ ct   10 ct + ___ ct = ___ ct   10 ct + ___ ct = ___ ct

2 **Immer 1 mehr**

$6 + 4 =$ ___ $7 + 3 =$ ___ $8 + 2 =$ ___

$6 + 5 =$ ___ $7 + 4 =$ ___ $8 + 3 =$ ___

$3 + 3 =$ ___ $4 + 4 =$ ___ $5 + 5 =$ ___

$3 + 4 =$ ___ $4 + 5 =$ ___ $5 + 6 =$ ___

$6 + 6 =$ ___ $7 + 7 =$ ___ $8 + 8 =$ ___

$6 + 7 =$ ___ $7 + 8 =$ ___ $8 + 9 =$ ___

3 **Rechne geschickt. Kreise ein.**

Erst $5 + 5 = 10$,
dann $10 + 7 = 17$

$5 + 7 + 5 =$ ___ $4 + 6 + 8 =$ ___

$9 + 4 + 1 =$ ___ $2 + 5 + 8 =$ ___

$7 + 3 + 8 =$ ___ $5 + 9 + 5 =$ ___

$6 + 5 + 4 =$ ___ $3 + 7 + 6 =$ ___

$8 + 2 + 6 =$ ___ $1 + 7 + 9 =$ ___

4 **Rechne zuerst die einfache Aufgabe.**

9 + 4 = ___	9 + 5 = ___	9 + 3 = ___
10 + 4 = ___	10 + 5 = ___	10 + 3 = ___
11 + 4 = ___	11 + 5 = ___	11 + 3 = ___
9 + 6 = ___	9 + 8 = ___	9 + 7 = ___
10 + 6 = ___	10 + 8 = ___	10 + 7 = ___
11 + 6 = ___	11 + 8 = ___	11 + 7 = ___

5 **Verdoppeln hilft.**

5 + 6 = ___	3 + 4 = ___	4 + 5 = ___
6 + 6 = ___	4 + 4 = ___	5 + 5 = ___
7 + 6 = ___	5 + 4 = ___	6 + 5 = ___
7 + 8 = ___	8 + 9 = ___	6 + 7 = ___
8 + 8 = ___	9 + 9 = ___	7 + 7 = ___
9 + 8 = ___	10 + 9 = ___	8 + 7 = ___

6 **Rechne und färbe.**

9 + 6	6 + 7	9 + 4	8 + 6

 8 + 7

 13

 14

 15

7 + 7

7 + 6	8 + 5	6 + 9	6 + 8

1 **Male aus.**

Würfel   Quader   Kugel

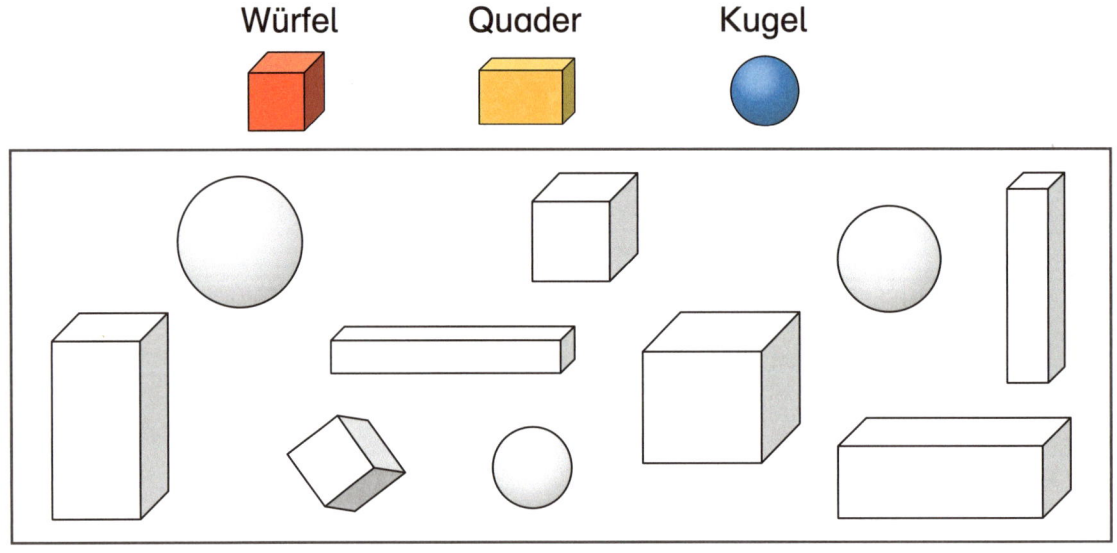

2 **Verbinde.**

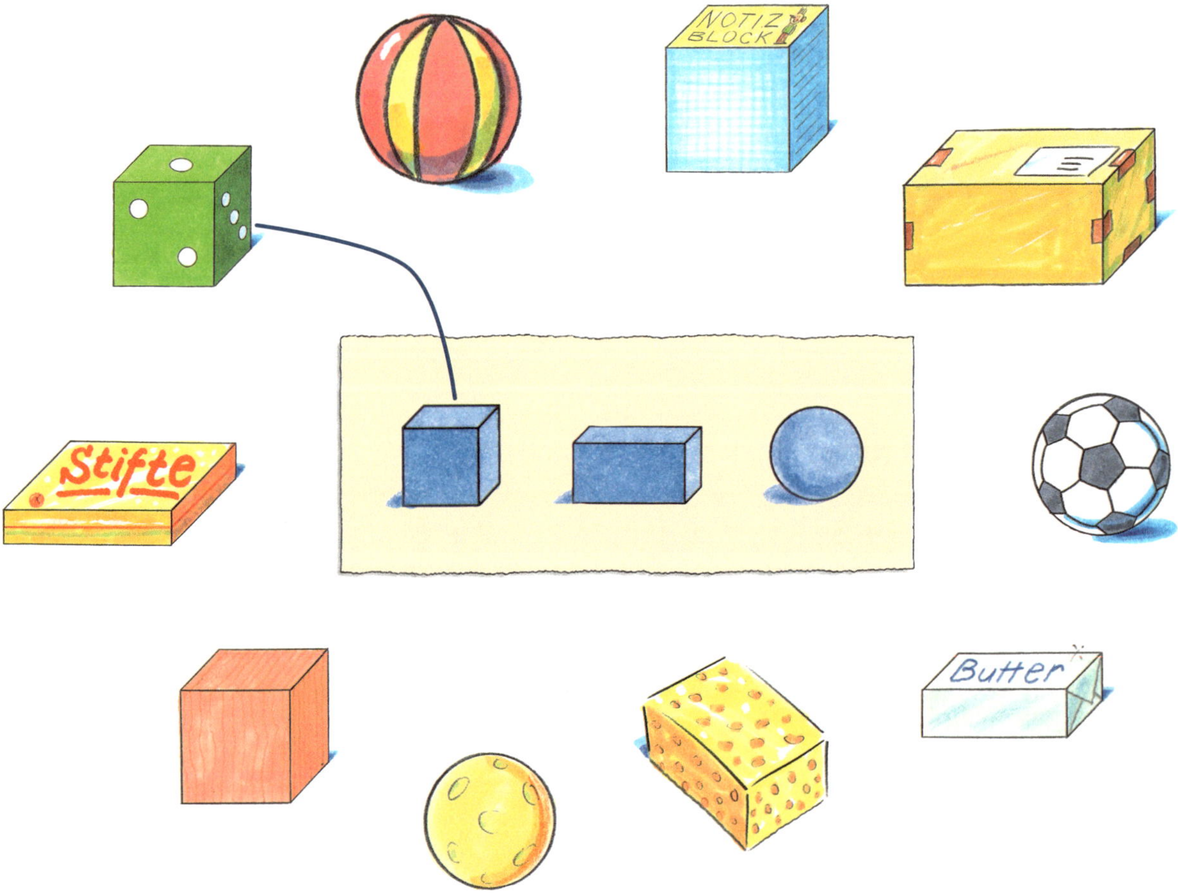

3 **Male aus.**

Würfel   Quader   Kugel

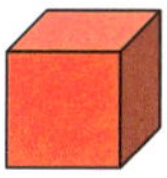

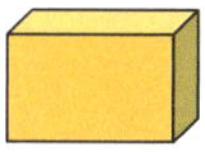

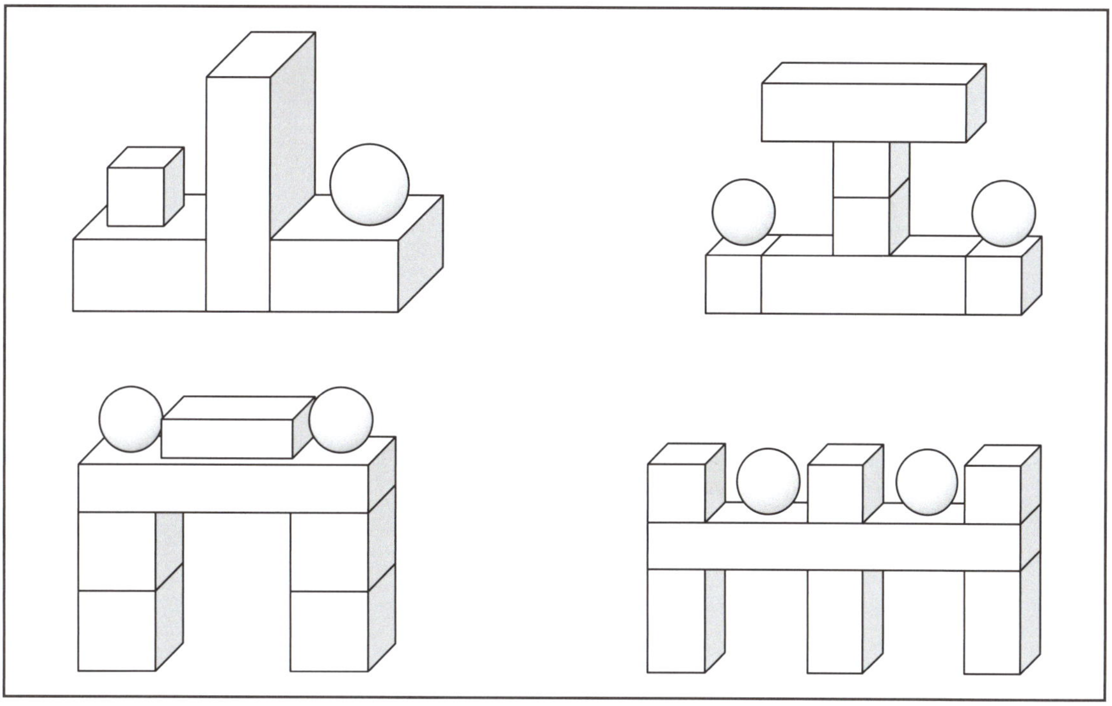

4 **Zähle.**

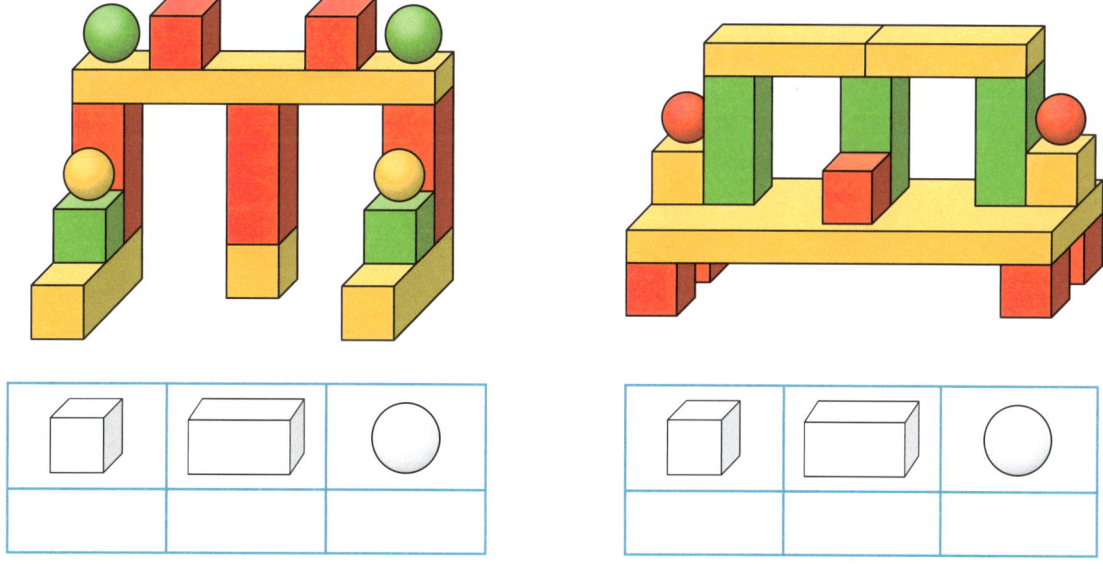

1 **Was siehst du …?**

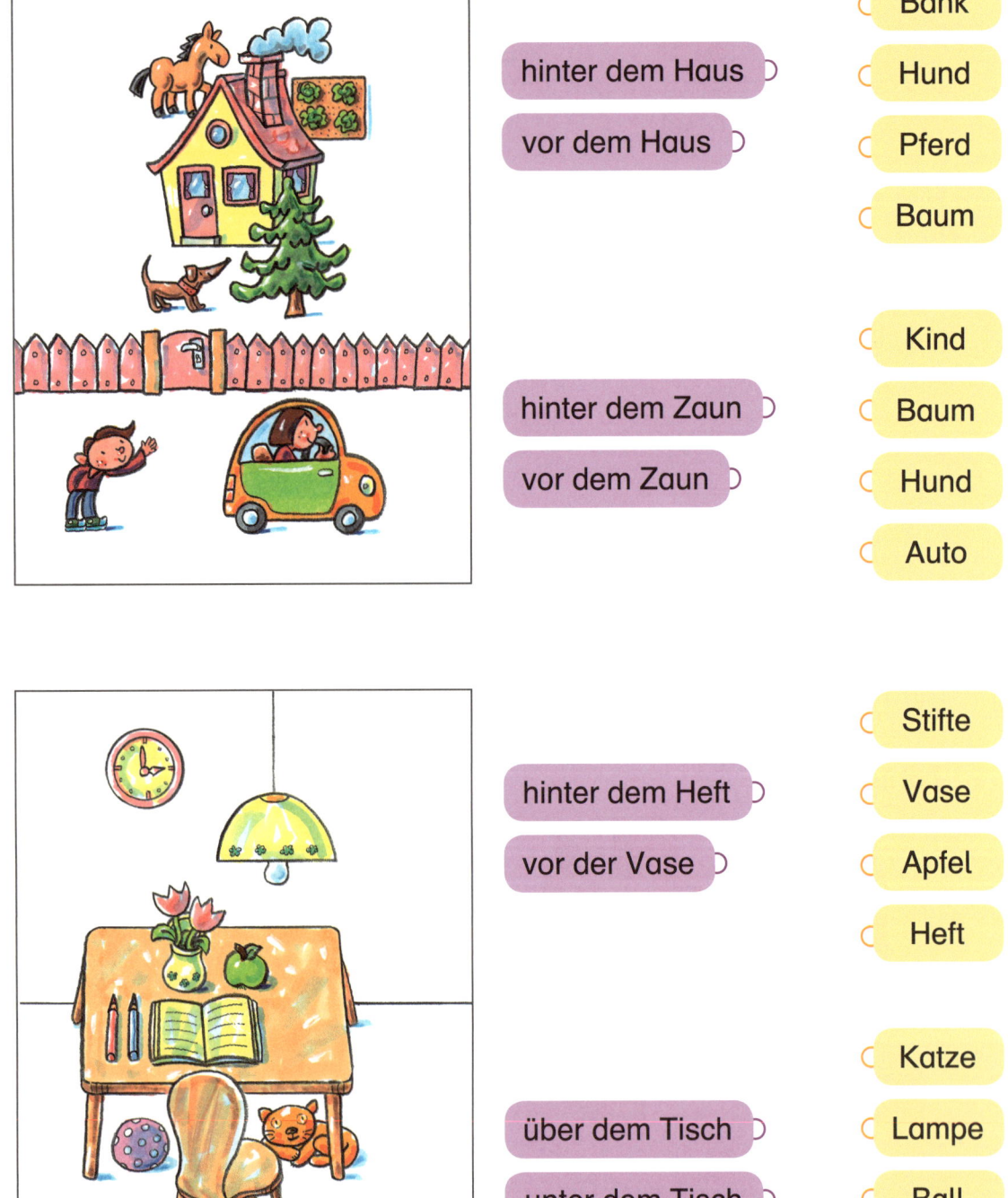

Bank

hinter dem Haus

Hund

vor dem Haus

Pferd

Baum

Kind

hinter dem Zaun

Baum

vor dem Zaun

Hund

Auto

Stifte

hinter dem Heft

Vase

vor der Vase

Apfel

Heft

Katze

über dem Tisch

Lampe

unter dem Tisch

Ball

Uhr

Jan   Dirk   Ina   Rosa   Sabine Anna

1 Die Lehrerin Frau Schulz sieht:

Links neben Ina sitzt _____.

Links neben Dirk sitzt _____.

Rechts neben Ina sitzt _____.

Rechts neben Sabine sitzt _____.

Zwischen Jan und Ina sitzt _____.

Zwischen Ina und Sabine sitzt _____.

Zwischen Rosa und Anna sitzt _____.

2 Ergänze: rechts, links, zwischen.

Der gelbe Bus steht _____ vom blauen Auto.

Das blaue Auto steht _____ vom gelben Bus.

Das violette Auto steht _____ vom grünen Auto.

Das orange Auto steht _____ vom grünen Auto.

Der gelbe Bus steht _____ dem blauen Auto und dem roten Auto.

Das orange Auto steht _____ dem grünen Auto und dem blauen Auto.

1 **Rechne erst bis 10 und dann weiter.**

Erst bis 10
14 − 4 = 10

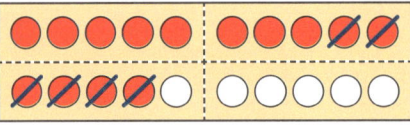

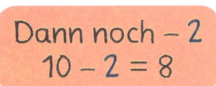

Dann noch − 2
10 − 2 = 8

$$14 - 6 =$$
$$14 - 4 = 10$$
$$10 - 2 = \underline{}$$

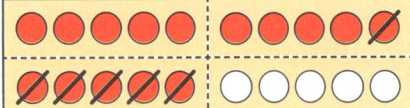

$$15 - 6 =$$
$$15 - \underline{} = 10$$
$$10 - \underline{} = \underline{}$$

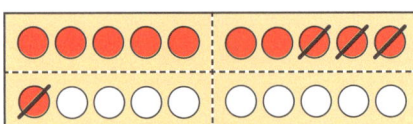

$$11 - 4 =$$
$$11 - \underline{} = 10$$
$$10 - \underline{} = \underline{}$$

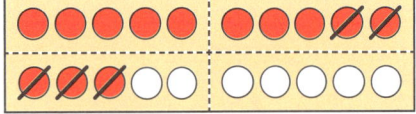

$$13 - 5 =$$
$$13 - \underline{} = 10$$
$$10 - \underline{} = \underline{}$$

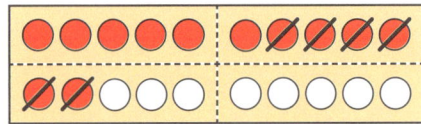

$$12 - 6 =$$
$$12 - \underline{} = 10$$
$$10 - \underline{} = \underline{}$$

$$15 - 7 =$$
$$15 - \underline{} = 10$$
$$10 - \underline{} = \underline{}$$

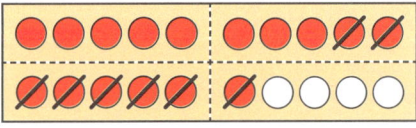

$$16 - 8 =$$
$$16 - \underline{} = 10$$
$$10 - \underline{} = \underline{}$$

2 **Streiche und rechne.**

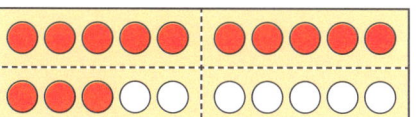

$12 - 6 =$ _____

$12 -$ ___ $= 10$

$10 -$ ___ $=$ ___

$14 - 5 =$ _____

$14 -$ ___ $= 10$

$10 -$ ___ $=$ ___

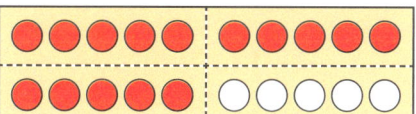

$13 - 6 =$ _____

$13 -$ ___ $= 10$

$10 -$ ___ $=$ ___

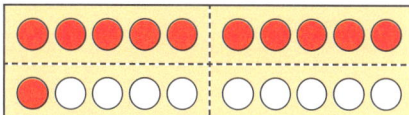

$11 - 5 =$ _____

$11 -$ ___ $= 10$

$10 -$ ___ $=$ ___

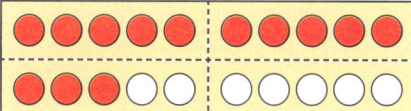

$15 - 7 =$ _____

$15 -$ ___ $=$ ___

___ $-$ ___ $=$ ___

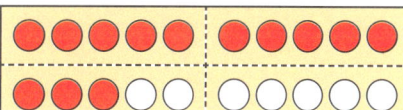

$13 - 8 =$ _____

$13 -$ ___ $=$ ___

___ $-$ ___ $=$ ___

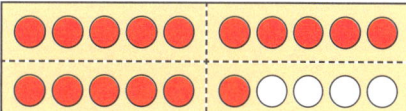

$13 - 5 =$ _____

$13 -$ ___ $=$ ___

___ $-$ ___ $=$ ___

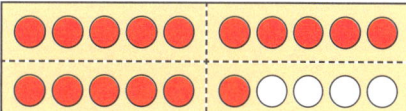

$16 - 7 =$ _____

$16 -$ ___ $=$ ___

___ $-$ ___ $=$ ___

1 **Streiche weg und rechne.**

$17 - 8 =$ __

$17 - 7 - 1 =$ __

Erst bis zur 10 ...

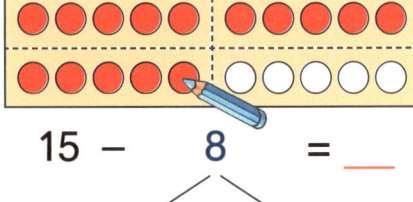

$15 - 8 =$ __

$15 -$ __ $-$ __ $=$ __

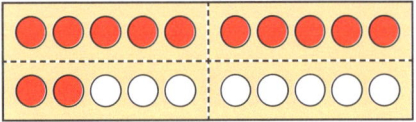

$12 - 7 =$ __

$12 -$ __ $-$ __ $=$ __

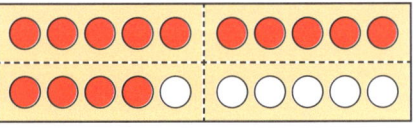

$14 - 8 =$ __

$14 -$ __ $-$ __ $=$ __

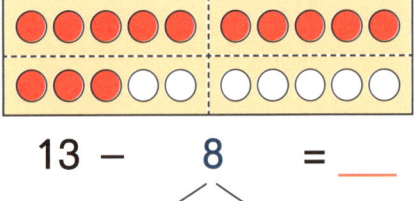

$13 - 8 =$ __

$13 -$ __ $-$ __ $=$ __

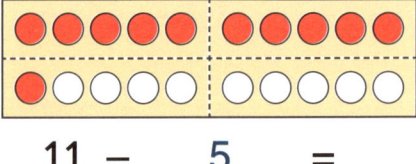

$11 - 5 =$ __

$11 -$ __ $-$ __ $=$ __

2

$12 - 8 =$ __

$12 -$ __ $-$ __ $=$

$14 - 6 =$ __

$14 -$ __ $-$ __ $=$

$13 - 6 =$ __

$13 -$ __ $-$ __ $=$

$11 - 6 =$ __

$11 -$ __ $-$ __ $=$

$13 - 9 =$ __

$13 -$ __ $-$ __ $=$

$16 - 8 =$ __

$16 -$ __ $-$ __ $=$

$15 - 7 =$ __

__ $-$ __ $-$ __ $=$ __

$14 - 5 =$ __

__ $-$ __ $-$ __ $=$ __

$12 - 9 =$ __

__ $-$ __ $-$ __ $=$ __

③ **Welche Autos passen zusammen? Male aus.**

④ **Welche Wagen passen zur Lok? Verbinde.**

   12 − 2 − 3

12 − 5   12 − 2 − 2

12 − 6   12 − 2 − 5

12 − 7   12 − 2 − 4

1 **Immer 1 weniger**

13 − 3 = ___   11 − 1 = ___   12 − 2 = ___
13 − 4 = ___   11 − 2 = ___   12 − 3 = ___

14 − 4 = ___   16 − 6 = ___   15 − 5 = ___
14 − 5 = ___   16 − 7 = ___   15 − 6 = ___

18 − 8 = ___   17 − 7 = ___
18 − 9 = ___   17 − 8 = ___

2 **Rechne.**

8 − 4 = ___   10 − 5 = ___   14 − 7 = ___
8 − 3 = ___   10 − 4 = ___   14 − 6 = ___

12 − 6 = ___   16 − 8 = ___   18 − 9 = ___
12 − 5 = ___   16 − 7 = ___   18 − 8 = ___

3 **Rechne geschickt. Kreise ein.**

Erst 12 − 2 = 10, dann 10 − 3 = 7

⑫ − 3 − ② = ___   13 − 5 − 3 = ___
11 − 3 − 1 = ___   14 − 4 − 6 = ___
15 − 5 − 6 = ___   17 − 8 − 7 = ___
16 − 7 − 6 = ___   12 − 7 − 2 = ___
14 − 4 − 5 = ___   11 − 1 − 5 = ___
13 − 6 − 3 = ___   17 − 9 − 7 = ___

4 Rechne aus und setze fort.

a)
$12 - 3 = \underline{}$ $14 - 5 = \underline{}$ $13 - 4 = \underline{}$

$12 - 4 = \underline{}$ $14 - 6 = \underline{}$ $13 - 5 = \underline{}$

$12 - 5 = \underline{}$ $14 - 7 = \underline{}$ $13 - 6 = \underline{}$

$\underline{} - \underline{} = \underline{}$ $\underline{} - \underline{} = \underline{}$ $\underline{} - \underline{} = \underline{}$

b)
$15 - 6 = \underline{}$ $17 - 5 = \underline{}$ $16 - 5 = \underline{}$

$15 - 7 = \underline{}$ $17 - 6 = \underline{}$ $16 - 6 = \underline{}$

$15 - 8 = \underline{}$ $17 - 7 = \underline{}$ $16 - 7 = \underline{}$

$\underline{} - \underline{} = \underline{}$ $\underline{} - \underline{} = \underline{}$ $\underline{} - \underline{} = \underline{}$

c)
$12 - 4 = \underline{}$ $11 - 4 = \underline{}$ $14 - 5 = \underline{}$

$13 - 5 = \underline{}$ $12 - 5 = \underline{}$ $15 - 6 = \underline{}$

$14 - 6 = \underline{}$ $13 - 6 = \underline{}$ $16 - 7 = \underline{}$

$\underline{} - \underline{} = \underline{}$ $\underline{} - \underline{} = \underline{}$ $\underline{} - \underline{} = \underline{}$

5 Rechne und färbe.

$15 - 8$ $16 - 8$ $15 - 7$ $13 - 6$

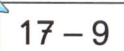    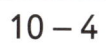

$17 - 9$ **6**   **7**   **8** $10 - 4$

$12 - 5$ $11 - 5$ $12 - 6$ $14 - 7$

①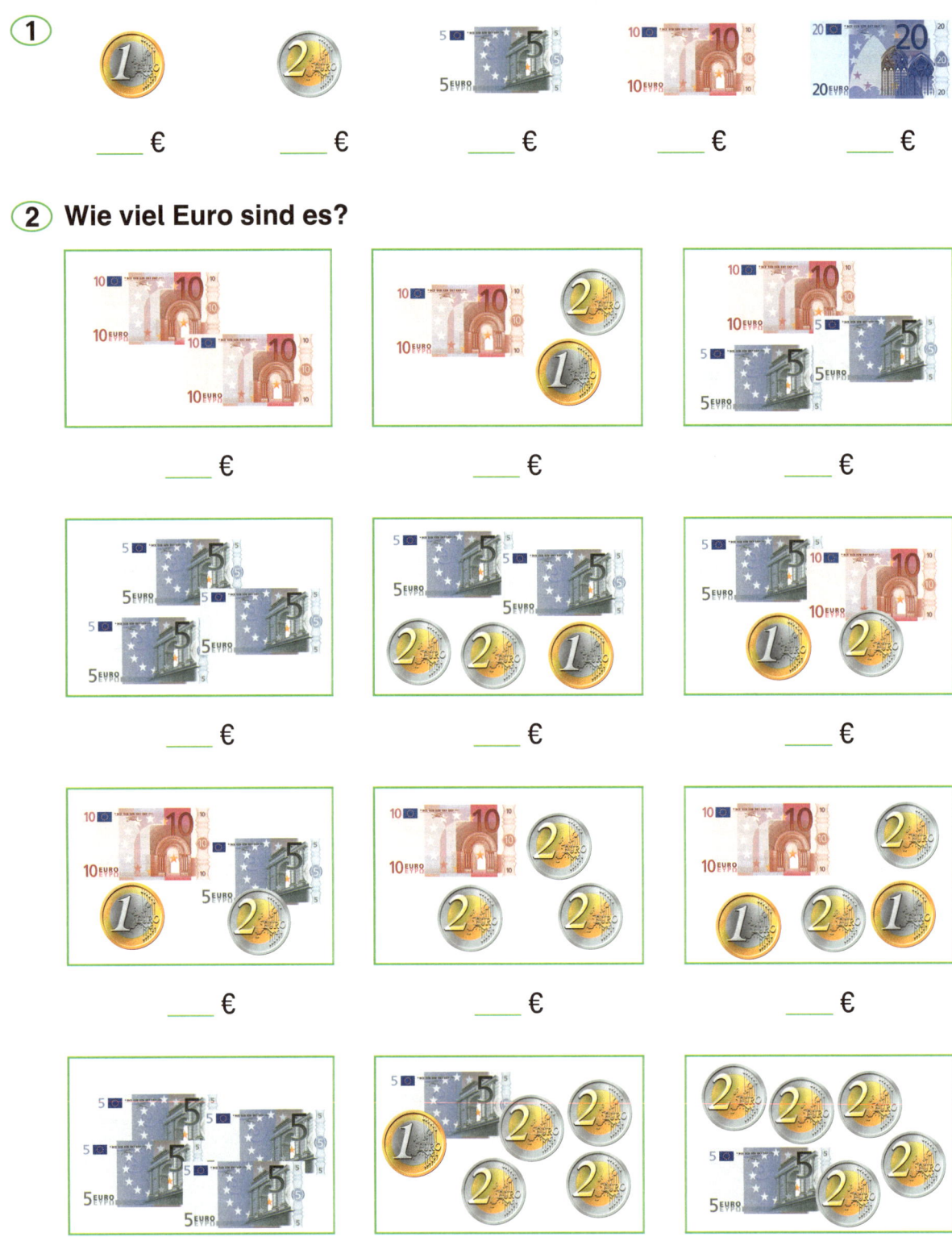

_____ €   _____ €   _____ €   _____ €   _____ €

② **Wie viel Euro sind es?**

_____ €   _____ €   _____ €

_____ €   _____ €   _____ €

_____ €   _____ €   _____ €

_____ €   _____ €   _____ €

3 Immer 15 Euro

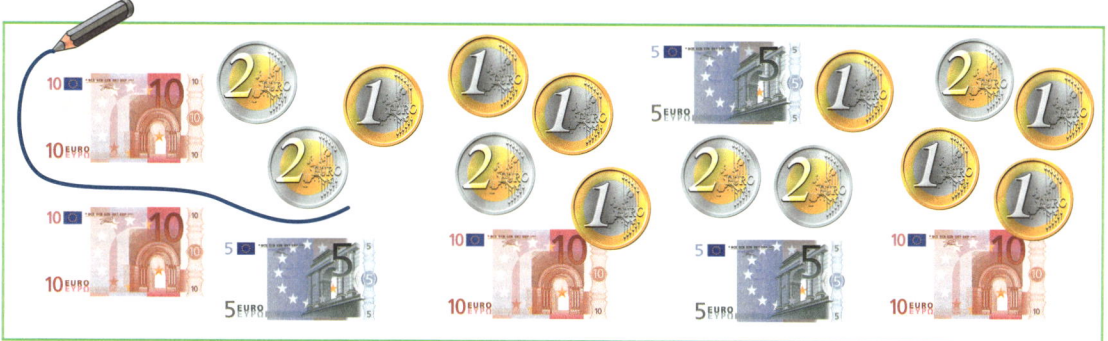

4 Immer 17 Euro

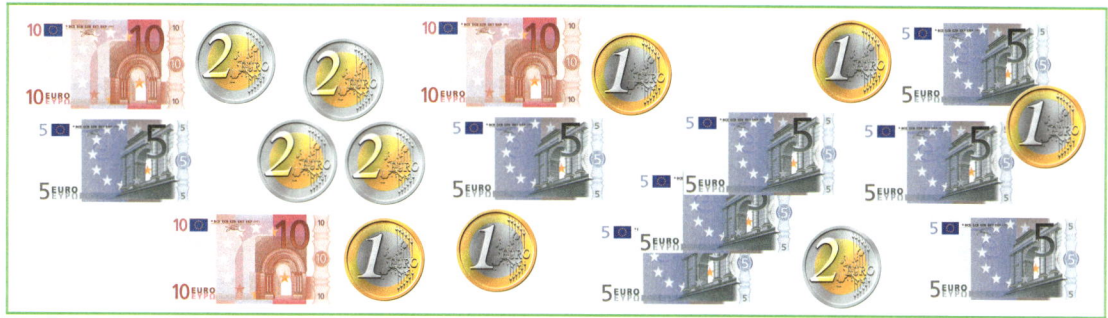

5 Immer 20 Euro

6

$8 € + 4 € = \underline{\hphantom{00}} €$ $\qquad$ $5 € + 6 € = \underline{\hphantom{00}} €$ $\qquad$ $12 € - 4 € = \underline{\hphantom{00}} €$

$9 € + 3 € = \underline{\hphantom{00}} €$ $\qquad$ $7 € + 4 € = \underline{\hphantom{00}} €$ $\qquad$ $11 € - 5 € = \underline{\hphantom{00}} €$

$6 € + 6 € = \underline{\hphantom{00}} €$ $\qquad$ $8 € + 5 € = \underline{\hphantom{00}} €$ $\qquad$ $16 € - 7 € = \underline{\hphantom{00}} €$

$7 € + 5 € = \underline{\hphantom{00}} €$ $\qquad$ $9 € + 4 € = \underline{\hphantom{00}} €$ $\qquad$ $14 € - 6 € = \underline{\hphantom{00}} €$

1 **Verbinde jedes Bild mit der passenden Aufgabe.**

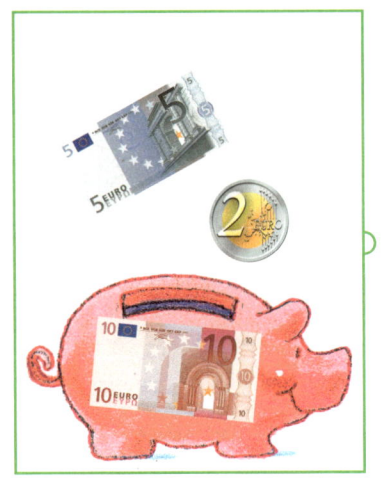

10 € + 7 € = _____ €

8 € + 4 € = _____ €

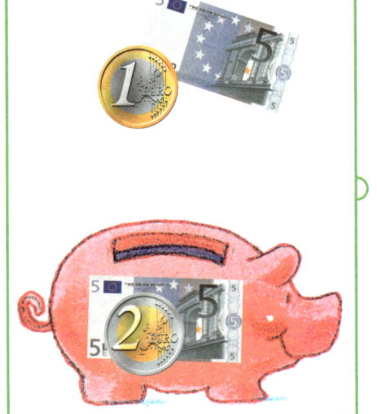

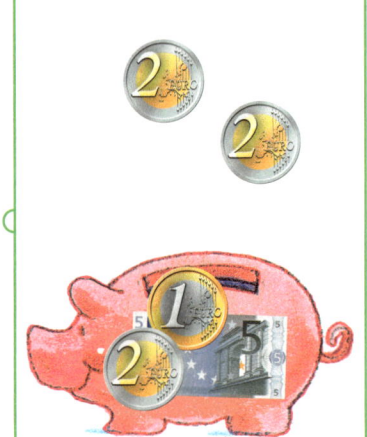

10 € + 8 € = _____ €

9 € + 3 € = _____ €

7 € + 6 € = _____ €

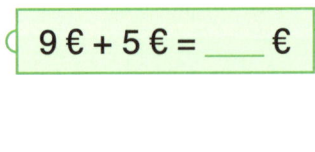

9 € + 5 € = _____ €

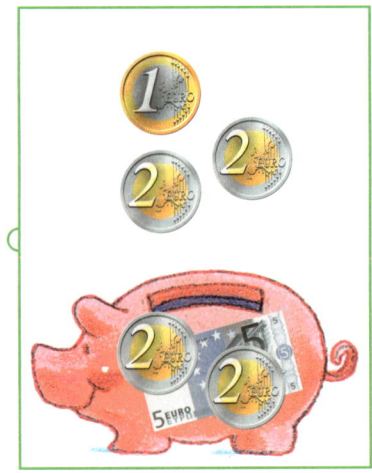

1 **Wie spät ist es? Ergänze.**

1 Uhr   ___ Uhr   ___ Uhr   ___ Uhr

___ Uhr   ___ Uhr   ___ Uhr   ___ Uhr

2 **Trage die Zeiger in die Uhr ein.**

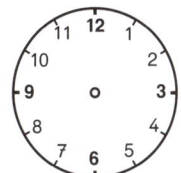 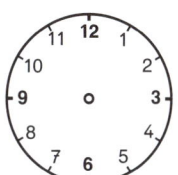  

2 Uhr   6 Uhr   9 Uhr   4 Uhr

 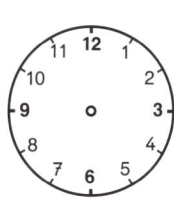 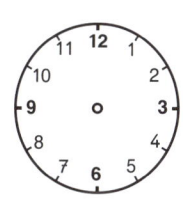 

1 Uhr   8 Uhr   10 Uhr   7 Uhr

  Wie spät ist es? Ergänze.

   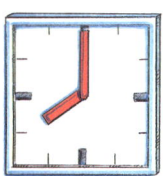

___ Uhr   ___ Uhr   ___ Uhr   ___ Uhr

65

1 **Suche die 5 Fehler im unteren Bild. Kreise sie ein.**

1 **Welche Figuren sind symmetrisch? Kreuze an.**

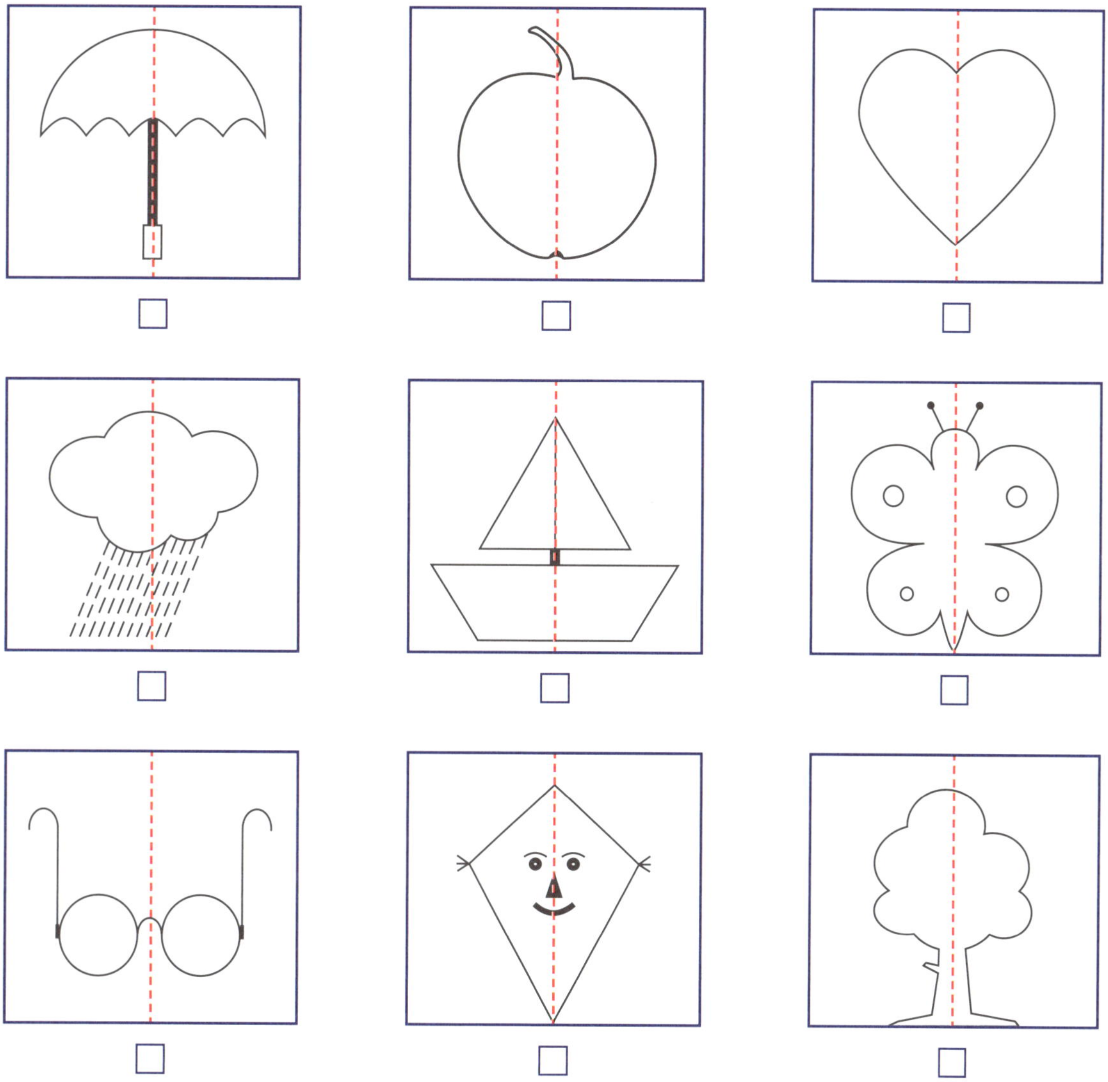

☐   ☐   ☐

☐   ☐   ☐

☐   ☐   ☐

 Ergänze zu symmetrischen Figuren.

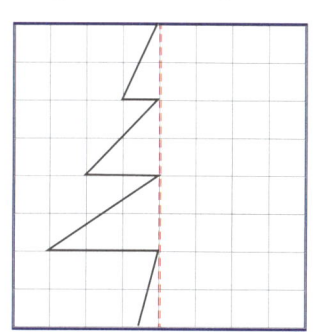 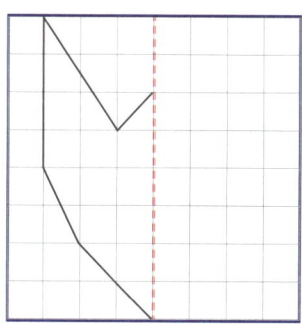 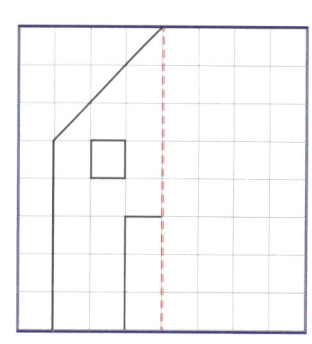

1 **Verdopple. Male.**

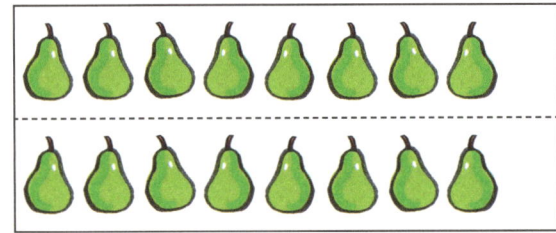

8 + 8 = ___

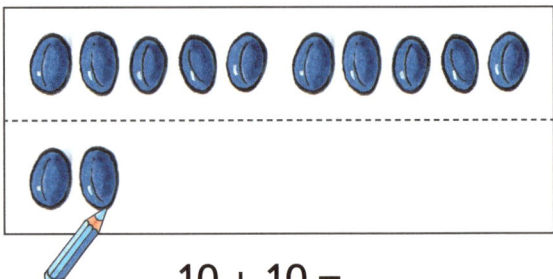

10 + 10 = ___

5 + 5 = ___

4 + 4 = ___

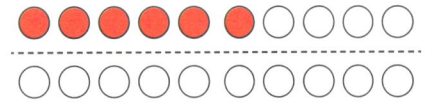

6 + 6 = ___

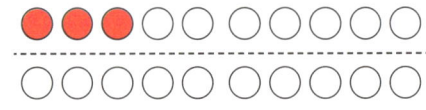

3 + 3 = ___

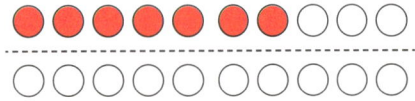

7 + 7 = ___

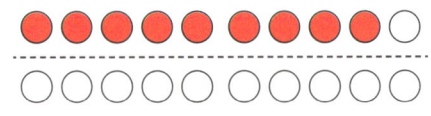

9 + 9 = ___

2 **Verdopple.**

1 + 1 = ___	4 + 4 = ___	7 + 7 = ___
2 + 2 = ___	5 + 5 = ___	8 + 8 = ___
3 + 3 = ___	6 + 6 = ___	9 + 9 = ___

1 **Halbiere. Male.**

$12 = \underline{6} + \underline{6}$

$14 = \underline{7} + \underline{}$

$6 = \underline{} + \underline{}$

$8 = \underline{} + \underline{}$

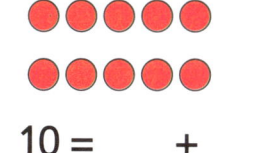

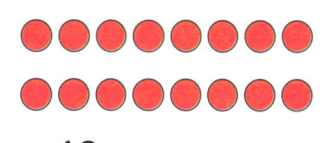

$10 = \underline{} + \underline{}$

$16 = \underline{} + \underline{}$

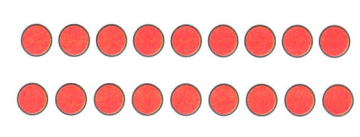

$20 = \underline{} + \underline{}$

$18 = \underline{} + \underline{}$

2 **Halbiere.**

$2 = \underline{1} + \underline{}$	$8 = \underline{} + \underline{}$	$14 = \underline{} + \underline{}$
$4 = \underline{} + \underline{}$	$10 = \underline{} + \underline{}$	$16 = \underline{} + \underline{}$
$6 = \underline{} + \underline{}$	$12 = \underline{} + \underline{}$	$18 = \underline{} + \underline{}$

(1) Rechne aus und setze fort.

8 + 3 = __	7 + 4 = __	9 + 2 = __
8 + 4 = __	7 + 5 = __	8 + 3 = __
8 + 5 = __	7 + 6 = __	7 + 4 = __
__ + __ = __	__ + __ = __	__ + __ = __

6 + 3 = __	6 + 5 = __	4 + 4 = __
7 + 4 = __	7 + 5 = __	5 + 5 = __
8 + 5 = __	8 + 5 = __	6 + 6 = __
__ + __ = __	__ + __ = __	__ + __ = __

2

10 + 4 = 14

14	
10	4

③ **Rechne aus und setze fort.**

14 − 5 = ___   13 − 3 = ___   12 − 4 = ___
13 − 5 = ___   13 − 4 = ___   13 − 5 = ___
12 − 5 = ___   13 − 5 = ___   14 − 6 = ___
___ − ___ = ___   ___ − ___ = ___   ___ − ___ = ___

20 − 3 = ___   12 − 6 = ___   11 − 6 = ___
20 − 4 = ___   14 − 7 = ___   12 − 6 = ___
20 − 5 = ___   16 − 8 = ___   13 − 6 = ___
___ − ___ = ___   ___ − ___ = ___   ___ − ___ = ___

④

2 + 8 = 10 oder
10 − 2 = 8

In jeder Reihe steckt ein Bild, das nicht dazu passt. Kreise ein.

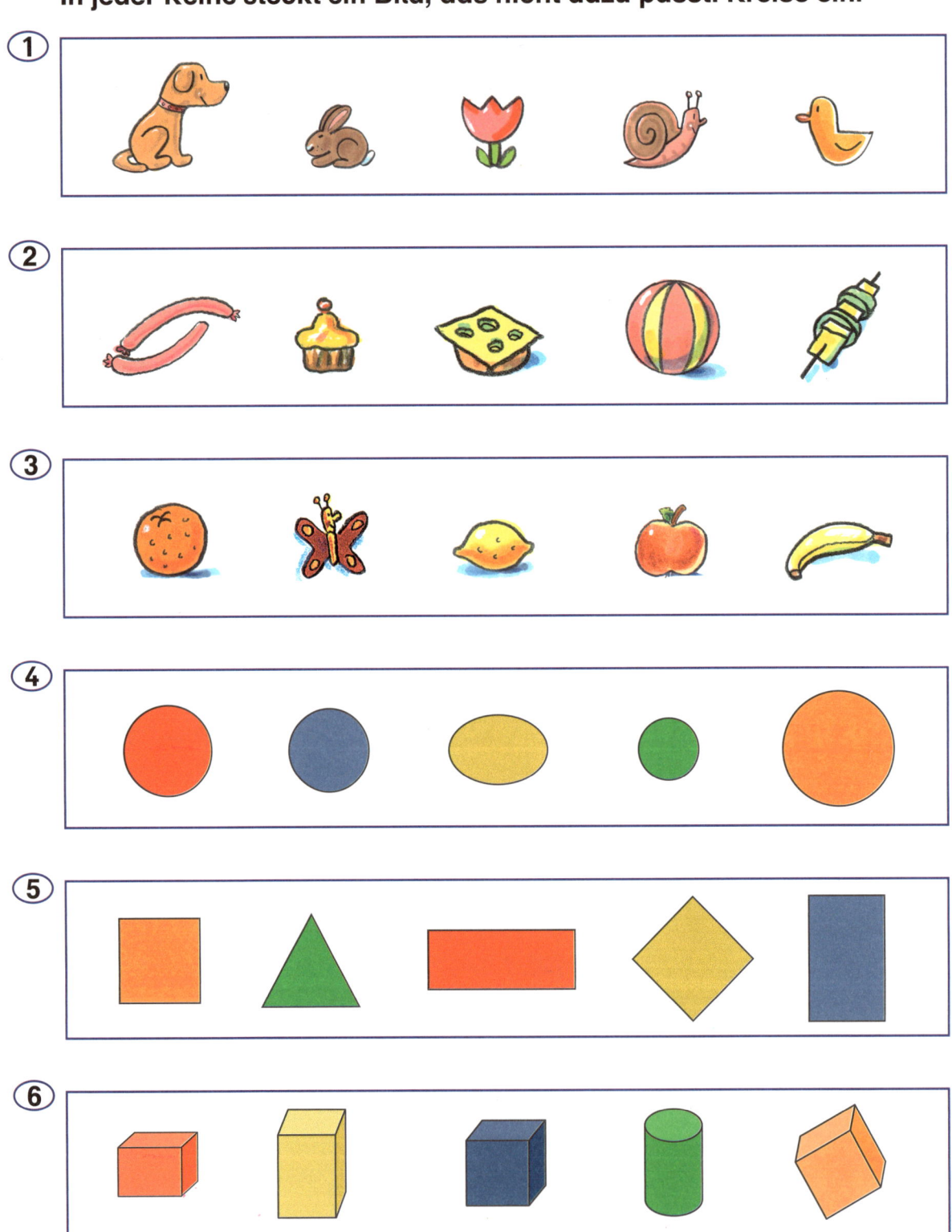